왼손으로 써봐

왼손으로 써봐

초판 1쇄 인쇄 2018년 12월 20일 **초판 1쇄 발행** 2019년 1월 10일

지은이 조영권

펴낸이 김용태 **펴낸곳** 이룸나무
편집장 김유미 **편집** 김지현 **마케팅** 출판마케팅센터

주소 410-828 경기도 고양시 일산동구 탄중로 403 1202-901
전화 031-919-2508 **마케팅** 031-943-1656 **팩시밀리** 031-919-2509
E-mail iroomnamu@naver.com
출판 신고 제 2015-000016 (2009년 9월 16일)
가격 14,800원
ISBN 978-89-98790-71-4 03190

왼손으로 써봐!!

네 인생이 달라질테니

왼손으로 한달만 필사하면 놀랍게 달라진다
암기력 · 집중력 · 자신감 키우는 자기계발법

조영권 지음

이룸나무

왼손 필사,
당신의 인생을 바꿀
신의 한 수

왼손으로 쓰면 상상력과 창의력을 더 키울 수 있을까.
키울 수 있다면 아주 깊느다 좋아질까?

5년 동안 오른손 필사를 하던 어느 날 왼손으로 써보면 효과가 더 좋아지지 않을까 호기심이 생겼습니다. 글쓰기를 잘하고 싶다는 마음이 절실했던 터라 바로 왼손으로 펜을 쥐고 써나가기 시작했습니다.

첫날, 필사를 하느라 애를 먹었습니다. 시를 필사했는데 익숙하지 않은 왼손으로 글씨를 쓰는 게 쉽지 않았습니다. 어린아이가 처음 연필을 잡듯 삐뚤삐뚤 춤을 춰 한 줄 쓰기도 힘들었습니다. 1주일, 한 달… 꾹 참고 계속 써나갔더니 오른손으로 쓴 것처럼 글씨가 조금씩 반듯해지기 시작했습니다. 그리고 1년이 지나면서, 왼손으로 쓴 글씨도 나름대로 멋진 서체가 되었습니다.

왼손 필사를 계속하면서 기적 같은 멋지고 놀라운 체험을 했습니다. 왼손으로 필사를 시작한 지 한 달이 지났을 때였습니다. 여행을 가면 써먹을 요량으로 영어 회화 수업을 듣던 어느 날, 외국인 강사의 강의가 전과 다르게 귀에 쏙쏙 들어왔습니다. 강사의 설명이 이해되는 부분이 많아졌고, 영어 표현도 전보다 훨씬 자연스럽게 나왔습니다. 그런 변화가 느껴진다는 게 참 신기했습니다. 이런 변화가 왼손 필사 때문에 일어난 일임을 직감할 수 있었습니다.

그날 이후 영어로 왼손 필사를 하면 더 효과가 좋아질 거라 판단하고 영어문장을 한 문장씩 암기하면서 필사를 시작했습니다. 한 번에 한 문장씩 외워서 썼는데 전보다 훨씬 더 빨리 외우고 확실하게 이해된다는 사실을 알게 되었습니다. 왼손 필사로 영어를 공부하면 스펙을 높이기 위해 비싼 돈 들여 어학연수를 갈 필요도 없겠다는 생각마저 들었습니다.

왼손 필사의 위력을 더 실감한 것은 대학 강사 L 씨의 경험담을 듣고 난 뒤입니다. 박사 학위 논문을 쓰느라 고심하던 L 씨에게 왼손 필사를 권했습니다. 시를 왼손 필사하면서 여러 가지 괜찮은 글감들이 떠올랐던 때라 학위 논문을 쓸 때도 창의적인 아이디어가 많이 나오지 않겠느냐며 한 얘기였습니다. 그는 저의 제안을 아주 진지하게 받아들이고 실행에 옮겼습니다.

2주가 지난 뒤 L 씨와 얘기를 나눌 때였습니다. 왼손으로 필사한 뒤로 강의할 때 말이 술술 나오더라는 얘길 지나가듯 했더니, 그가 화들짝 놀랐

왼손 필사 첫날

강은교 시인의 〈빨래 너는 여자〉를 옮겨 적었습니다. 왼손으로 쓴 오른쪽 글씨가 춤을 추는 듯합니다. 세로와 가로 직선도 삐뚤빼뚤하고, 'ㄹ'자나 'ㄴ'자 모양도 그야말로 제각각입니다. 하지만 못생긴 글자마다 어떻게든 잘 써보려고 애쓴 흔적이 역력하게 나타납니다.

습니다. "자기도 그렇다는 것이었습니다." 그러면서 자신의 오랜 고민거리였던 발표 불안 증세가 사라졌다는 이야기를 덧붙였습니다. 20년 동안 자신을 괴롭혔던 발표 불안이 왼손 필사를 하면서 갑자기 없어졌다는 내용이었습니다.

'왼손 필사를 하면 말이 술술 나온다.'

나와 L 씨의 일치된 경험을 발견한 뒤로, 왼손 필사의 효과에 확신이 생겼습니다. 왼손 필사가 가진 특별한 힘이 분명하게 느껴졌습니다. 그것은 5년 이상 해왔던 오른손 필사의 효과와는 확실히 달랐습니다.

그때부터 본격적으로 왼손 필사의 효과를 실험하기 시작했습니다. 일단 시 암송 효과부터 검증했습니다. 시를 필사할 때마다 암송해서 걸린 시간을 적고 다음 날 아침에 얼마나 많은 부분이 회상되는가 확인했습니다. 영어문장을 왼손 필사할 때도 분량과 시간을 기록했습니다. 왼손 필사를 하

왼손 필사 2주 후

글씨체가 조금 반듯해졌습니다. 직선이 달라진 것이 눈에 띕니다. 하지만 왼손 손글씨의 아킬레스건인 가로획은 여전히 춤을 추고 미끄러집니다. 'ㅇ'자 크기도 서로 다르고 제대로 동그라미가 만들어지지 않은 게 많습니다. 직선을 제외하고 왼손 필체는 1주째나 2주째가 큰 차이가 없습니다.

면서 나타나는 현상이나 느낌도 매일 모두 적었습니다. 1년 이상 이 작업을 계속했습니다. 학생이든 성인이든 왼손잡이들을 만나면 인터뷰를 했습니다. 효과를 더 높이기 위해 왼손에 관련된 연구 자료들도 꾸준히 찾아 읽어나갔습니다. 그러자 왼손 필사가 가진 힘과, 그 이유가 하나둘씩 실체를 드러내기 시작했습니다.

왼손 필사는 스피치 능력과 문장력, 그리고 독서력과 같은 리터러시(literacy)는 물론 기억력과 집중, 학습 능력을 놀라울 정도로 증진시킵니다. 그리고 이 변화가 학습할 때 핵심적인 역할을 하는 거울 뉴런(mirror neuron)과 작업 기억(working memory)이 강화되기 때문이라는 것을 알게 되었습니다.

왼손 필사를 한 여러 사람들이 기억력이 놀랍게 좋아졌다는 이야기를 전해주었습니다. 저 역시 2년 전 오른손 필사로 암송에 실패했던 정호승 시

왼손 필사 1개월 후

이제 왼손 필체에서 전반적으로 안정감이 느껴집니다. 직선은 거의 오른손 글씨체에 근접했습니다. 글자의 크기를 조절하는 힘이 생겨서 노트 한 줄에 가지런히 글자가 담겨 있는 듯합니다.

인의 5개 연으로 된 산문시 〈서울의 예수〉를 2시간 30분 만에 모두 외워서 쓸 수 있었습니다. 제게는 정말 큰 '사건'이었습니다. 오른손 필사를 하며 며칠에 걸쳐 암기하려고 해도 외울 수 없었던 시를 한 자리에서 그것도 2시간 30분 만에 외우다니⋯. 저는 뛸 듯이 기뻤습니다. 그보다 짧은 시들은 암송 시간이 훨씬 더 짧았고 수월했습니다.

집중력 또한 높아졌습니다. 마음이 복잡할 때 왼손 필사를 하면 언제든지 마음이 차분하게 가라앉았습니다. 하지만 같은 상황에서 오른손으로 필사를 하면 안정되었던 마음이 다시 걷잡을 수 없이 심란해졌습니다. 그런 효과를 경험한 뒤로는 항상 왼손 필사로 하루를 시작했습니다. 그러면 마음이 가라앉고 책을 읽고 글을 쓸 수 있는 평정심을 얻었습니다.

왼손 필사의 효과를 확신하게 된 것은 고등학생 K를 가르쳤을 때입니다. 워낙 성적이 좋지 않고 공부는 '1'도 모르는 학생이어서 과연 효과가 있

왼손 필사 4개월 후

넉 달이 지나자 왼손 글씨는 완전히 안정감을 찾았습니다. 초등학생의 오른손 글씨체 수준에는 이른 듯합니다. 'ㅇ'도 제대로 그려져 있고 'ㅆ'도 반듯하게 날개를 펴고 있습니다. 'ㄹ'자 모양이 거의 같은 형태로 써진 것이 눈에 띕니다.

을지 반신반의했습니다. 하지만 제가 시와 영어를 왼손 필사하면서 확인한 강력한 집중력과 기억력 효과를 실험할 좋은 기회였습니다. 그 실험은 대단히 성공적이었습니다. K는 첫날부터 영어문장 다섯 개를 모두 외워서 암송했습니다. 첫날 다섯 문장을 외는 데 2시간이 걸리던 것이 며칠 지나지 않아 한 시간으로 줄었고, 5개월쯤 지나자 영어문장을 쓰면서 동시에 암송할 수 있게 됐습니다. 그러면서 국어와 한국사 같은 다른 과목들도 스스로 공부하기 시작했습니다. 공부한 내용이 이해가 된다고 했습니다.

K는 왼손 필사를 하면서 공부할 수 있다는 의지와 인내력이 생겼습니다. 이런 변화는 한줄기억 왼손 필사를 하면서 작업 기억이 강화되어 나타난 현상이었습니다. 왼손 필사는 K를 완전히 다른 사람으로 바꿔놓았습니다. 공부에 자신감을 가진 것은 물론이고, 자신의 감정을 다스리면서 계획을 실천할 줄도 알게 됐습니다.

왼손 필사 6개월 후

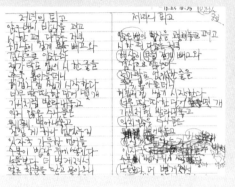

여섯 달째로 접어들면서 왼손 필체는 세로는 물론 가로로 긋는 직선도 제법 반듯하고 이제는 나름대로 글씨다운 모양새를 갖추고 있습니다. 'ㅎ'자 모양이 독특하다는 생각이 듭니다.

왼손 필사의 효과를 보여준 크고 작은 사례들은 그 외에도 아주 많습니다. 한 영어 강사는 왼손 필사로 영어문장을 5개 외웠는데 다음 날 아침에도 기억이 나더라며 처음 있는 일이어서 깜짝 놀랐다는 말을 들려줬습니다. 50대 중반의 여성도 평소 외우고 싶었지만 그러지 못했던 시를 왼손으로 쓰면서 동시에 외워버렸다며 왼손 필사를 계속하겠노라 선언했습니다. 치매를 걱정했던 한 공무원은 왼손 필사로 자신의 기억력이 여전히 살아 있음을 확인하고, 더 이상 불안해하지 않았습니다. 왼손 필사를 꾸준히 연습했던 한 대학생은 "공부라면 이제 누구와 겨뤄도 자신이 있다"며 일본 유학길에 오르기로 했습니다.

왼손 필사 후 여러 사람에게 나타난 효과는 참으로 놀랍습니다. 오른손잡이가 왼손으로 필사를 하면 기억력과 집중력이 오른손 필사만 할 때와는 비교할 수 없을 정도로 좋아집니다. 지적 능력이 예전보다 적어도

왼손 필사 1년 후

1년이 지나자 왼손 글씨는 오른손 글씨체와 전혀 다른 느낌의 서체를 만들어냈습니다. 자음의 'ㄹ'과 'ㄴ', 'ㅎ'과 'ㅁ', 'ㅅ' 그리고 모음의 'ㅏ'자가 나름 자신들만의 독특한 모양을 완성해서 오른손 글씨체와는 전혀 다른 느낌의 필체를 만들었습니다. 오른손 필체와 비교해도 손색이 없을 정도입니다.

200% 이상 올라갑니다. 학습 능력이 몰라보게 좋아지고 공부를 잘할 수 있습니다. 왼손 필사로 공부를 하면 "공부가 가장 쉬웠다"는 말이 얼마나 당연한 말인지 실감하게 됩니다. 학습 능력이 좋아지는 것과 함께 글쓰기와 말하기, 읽기 능력도 훨씬 더 좋아집니다. 그리고 작업 기억이 좋아지면서 감정조절 능력과 자기 관리 능력이 한층 더 강화됩니다.

왼손 필사는 오른손 필사와 비교할 때 효과가 나타나는 속도가 아주 빠릅니다. 길게 잡아 한 달 안에 누구라도 큰 변화를 경험할 수 있습니다. 석 달 정도 꾸준히 하면 습관이 되어 지금까지 얘기한 놀라운 능력과 성과들을 모두 자신의 것으로 만들 수 있습니다.

이 책에서 소개하는 '한줄기억 왼손 필사법'은 왼손 필사의 효과가 높아지도록 필자의 오랜 경험을 토대로 개발한 방법입니다. 문장을 읽고, 머릿속에 이미지를 그리고 암송해서 필사하는 한줄기억 왼손 필사는 누구나 효과를 얻을 수 있는 '결코 실패하지 않는' 자기 계발 방법이자 학습법입니다. 몇 번 시도했다가 변변찮은 효과로 시들해져 결국 접고 마는 다른 학습법과는 차원이 다릅니다. 한줄기억 왼손 필사는 시간을 투자하고 노력한 만큼 반드시 보상이 뒤따르는 매우 정직한 자기 계발 방법이자 '절대 불패'의 학습법입니다.

원하는 바를 성취하고 싶다면, 한줄기억 왼손 필사를 하시길 바랍니다. 훌륭한 작가가 되거나 스피치의 달인이 될 수 있습니다. 학생들은 공부를 잘하게 되고 수험생들은 원하는 성적을 얻게 됩니다. 취업 준비생들은 원하는 직장에 들어갈 수 있습니다. 직장인이라면 누구보다 탁월한 업무 능력을 발휘할 수 있습니다. 한줄기억 필사가 당신에게 놀라운 변화와 성취를 안겨줍니다.

방법은 아주 간단합니다. '문장을 읽고, 이미지를 그리면서 암송한 뒤 왼손으로 필사'하면 됩니다.

한줄기억 왼손 필사는 또한 뇌를 젊고 건강하게 만듭니다. 우뇌와 좌뇌의 시너지 효과를 촉진해 우리의 지적 능력을 증폭시켜줍니다. 기억력과 집중력을 강화하여 치매를 예방하는 데 도움을 주며, 나이와 상관없이 평생 마음껏 책을 읽고 암송할 수 있게 해줍니다. 왼손 필사가 줄 수 있는 경이로운 선물은 차고 넘칩니다. 우선 한 달 정도만 꾸준히 해보길 바랍니다. 그 기간 안에 정말 큰 변화를 체험할 수 있습니다.

하루에 1시간에서 2시간 정도 꼭 한줄기억 왼손 필사를 하길 바랍니다. 그러면 그것으로 꿈틀꿈틀 변화가 일어납니다.

천재 화가 미켈란젤로가 이탈리아 시스티나 성당에 그린 천장 벽화에서 아담은 그의 왼손을 내밀어 인간으로서의 새로운 생명을 얻습니다. 왼손잡이였던 그는 왼손의 특별한 힘을 알고 있었던 듯싶습니다. 오른손잡이에게 왼손은 훨씬 더 특별합니다. 왼손으로 펜을 잡고 필사를 하는 순간, 우리의 삶이 바뀌기 시작합니다. 왼손으로 이루어내는 기적 같은 변화는 그렇게 시작됩니다.

딱 한 달만 '한줄기억 왼손 필사'에 몰입하길 바랍니다. 오른손만으로 이루지 못한 당신의 꿈을 반드시 이룰 수 있을 뿐만 아니라, 당신의 인생이 달라집니다.

2018년 12월

조영권

C o n t e n t s

프롤로그 – 왼손 필사, 당신의 인생을 바꿀 신의 한 수 4

제1부_ 왼손 필사, 기적을 만든다

왼손 필사, 지적 능력이 놀랍도록 커진다 18

아인슈타인도 활용한 우뇌 자극, 바이올린 연주 21

손과 뇌는 언어와 특별한 관계를 맺는다 24

왼손으로 글을 쓰면 좌·우뇌가 동시에 단련된다 27

왼손 필사로 최고의 기억력과 집중력, 학습 능력을 키운다 29

왼손 필사의 기적 1 – 최강 기억력이 내 것이 된다 32

왼손 필사의 기적 2 – 집중력이 최고조에 이르러 목표를 이룬다 41

왼손 필사의 기적 3 – 최고의 학습 능력을 갖춘 공부왕이 된다 51

제2부_ 왼손 필사, 공감과 학습의 뇌를 깨운다

필사 – 읽고, 기억하고, 쓰는 복합적인 지적 과정 64

필사의 세 가지 핵심 원리 – 모방성, 반복성, 지속성 67

필사하면 행복 신경전달물질이 분비된다 70

작업 기억이 좋아지면, 잘 읽고 잘 쓰고 말도 잘한다 75

작업 기억 능력은 개인차가 있다 78

왼손 필사의 리터러시 전략 81

왼손 필사하면 대화와 발표에도 능숙해진다 85

왼손 필사가 창작과 창의성의 새로운 문을 연다 89

제3부_ 왼손 필사, 쉽게 따라하는 실전 훈련

먼저 필사할 문장을 '기억'하라 ·········· 100

'한줄기억' 왼손 필사의 시작 ·········· 102

단계별 과제로 작업 기억을 강화한다 ·········· 105

필사 1단계 – 필사할 문장을 소리 내 읽는다 ·········· 110

필사 2단계 – 오감을 활용, 생생한 이미지를 만든다 ·········· 113

필사 3단계 – 문장을 외워서 암송한다 ·········· 119

필사 4단계 – 이미지와 문장을 동시에 떠올리며 필사한다 ·········· 124

필사 5단계 – 원문과 대조하고 틀린 부분을 고친다 ·········· 128

소설 문장으로 연습하는 한줄기억 왼손 필사 ·········· 131

제4부_ 한달이면 꿈틀꿈틀 변화가 일어난다

한 달 안에 효과를 체험할 수 있다 ·········· 138

왼손 필사가 주는 풍성한 선물들 ·········· 142

필사의 선물 1 – 기억력과 집중력이 높아져 성적이 오른다 ·········· 144

필사의 선물 2 – 독서력이 좋아지고 글쓰기 능력이 커진다 ·········· 147

필사의 선물 3 – 조리 있게 말하고 발표에 자신감을 갖는다 ·········· 151

필사의 선물 4 – 정서가 안정되고 계획적인 생활을 한다 ·········· 159

필사의 선물 5 – 뇌자극이 강화되어 도전하는 기쁨을 준다 ·········· 163

여학생이 남학생보다 왼손 손글씨를 잘 쓴다 ·········· 167

왼손 필사를 해야만 하는 더 특별한 이유들 ·········· 173

필사 모둠을 만들어 피드백을 주고받자 ·········· 177

제5부_ 젊고 건강한 두뇌로 바꾼다

지적 능력을 단련하는 뇌운동이다 ·········· 186

노년의 지적 위기를 극복한다 ·········· 188

글쓰기 스타일로 치매 발병을 예측할 수 있다 ·········· 191

왼손 필사로 치매에 강한 글쓰기를 훈련한다 ·········· 195

왼손 필사는 '해마'를 키우는 가장 좋은 방법 ·········· 198

여성이 왼손 필사를 꼭 해야 하는 이유 ·········· 202

왼손 필사로 치매 걱정을 물리친다 ·········· 206

왼손 필사는 '안티에이징' 글쓰기이다 ·········· 209

박스

① 필사로 창작과 학문을 일군 다산 정약용 ·········· 61

② 필사본 수천 권을 소장한 기억 천재 허균 ·········· 95

③ 평생 루쉰을 읽고 필사한 마오쩌둥 ·········· 181

부록

스마트 필사, 노트북과 스마트폰으로 하기 ·········· 213

에필로그 – 노트 한 권과 연필 한자루면 충분하다 ·········· 226

1부

왼손 필사

기적을 만든다

왼손으로 필사를 하면 빠른 시간 안에 학습 능력을 강화할 수 있습니다. 한줄기억 왼손 필사는 글쓰기와 말하기, 읽기 같은 리터러시는 물론이고 기억력과 집중력, 작업 기억 같은 학습에 필요한 핵심 능력을 오른손으로만 쓸 때보다 더 빠르고 더 강력하게 키워줍니다. 오른손이 가진 힘에 왼손의 힘을 더하면 그 효과는 둘을 합친 그 이상으로 커집니다. 그 위력은 상상을 초월합니다. 지금 당장 왼손 필사를 시작하십시오. 놀라운 기적을 체험할 수 있습니다.

왼손 필사,
지적 능력이 놀랍도록 커진다

왼손으로 글씨를 쓰면 지적 능력이 200% 넘게 강화된다는 발상은 편측성을 가진 뇌를 좀 더 효율적으로 활용하자는 관점에서 출발했습니다. 우리의 뇌는 특정 작업을 할 때, 좌뇌 또는 우뇌 중 어느 한쪽이 기능을 맡도록 특수화되어 있습니다. 이것을 뇌의 편측성(lateralization) 혹은 기능적 비대칭성이라고 합니다.

잘 알려진 것처럼 우리 뇌의 좌반구는 언어의 기능을 주로 담당하고, 우반구는 시공간 차원의 기능을 담당합니다. 따라서 좌반구는 언어적이고, 분석적이며, 정보를 순차적으로 처리하는 기능적 특성을 가집니다. 반면에 우반구는 전체적이고, 통합적이며, 시공간 정보와 감정, 음악을 다루는 병렬처리적 특징이 있습니다.

우리 뇌가 좌우로 기능을 나뉘는 것은 협력을 통해 더 나은 사고 활동을 하기 위해서입니다. 좌뇌와 우뇌가 서로 힘을 합쳐 효율적으로 목적을 달성하기 위해 각각 기능을 나눠 가진 셈입니다. 좌뇌와 우뇌는 모든 행동에

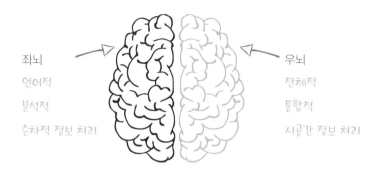

좌뇌
언어적
분석적
순차적 정보 처리

우뇌
전체적
통합적
시공간 정보 처리

서 핵심적인 역할을 나눠 갖고 있으며, 서로 협력하고 공조할 때 최고의 능력이 발휘됩니다. 좌뇌와 우뇌가 서로 동등하게 활성화될 때 우리는 최고의 지적 능력을 발휘할 수 있습니다.

협력과 공조의 시스템이 발휘하는 시너지 효과(synergy effect)는 좌뇌와 우뇌를 동시에 균형 있게 사용할 때 커지게 됩니다. 이것을 뇌의 '대칭성 효과(symmetry effect)'라고 합니다. 여기서 '대칭적'이라는 말은 양쪽 뇌의 신경 활동이 균형 있게 활성화된다는 말입니다. 연구자들은 왼손잡이가 오른손잡이보다 훨씬 더 '대칭적'이라고 말합니다. 왼손잡이가 종종 특별한 능력을 발휘하는 이유가 바로 이 '대칭성 효과' 때문입니다. 오른손잡이 문화에서 사는 왼손잡이가 왼손뿐만 아니라 오른손을 사용할 기회가 훨씬 더 많기 때문입니다. 오른손잡이는 대체로 좌뇌 위주의 편향을 보이지만 왼손잡이는 좌뇌와 우뇌를 비슷하게 활성화시켜 사용합니다.

뇌의 대칭성은 창의적 사고와도 관련이 있습니다. 뇌가 대칭적일 때 양쪽 뇌의 신경 활동이 균형 있게 활성화되어 창의성이 증가합니다. 창의성은 흔히 많은 사례를 늘어놓고 그들 항목 간의 기발하고 참신한 연결을 제시하는 확산적 사고(divergent thinking)에서 발휘됩니다. 좌뇌와 우뇌의 대칭성이 증가하면 창의성을 자극하는 확산적 사고가 더욱 활발해집니다.

아인슈타인도 활용한
우뇌 자극, 바이올린 연주

창의성은 우반구나 좌반구에만 있는 것도 아닙니다. 창의적 사고는 양쪽 뇌반구가 모두 중요한 역할을 하는 두뇌 전체의 과정이자 상호작용의 결과입니다. 창의적 사고를 낳는 뇌의 대칭적 활성화는 오른손과 왼손을 모두 사용하는 것과 밀접한 관련이 있습니다. 그래서 왼손과 오른손 양쪽을 단련하는 것이 뇌를 대칭적으로 활성화시키는 가장 좋은 방법입니다. 창의성을 측정한 연구를 보면, 오른손만 쓰는 사람보다 오른손을 쓸 수 있는 왼손잡이가, 또 왼손잡이보다 양손잡이가 더욱더 높은 점수를 받습니다.

왼손잡이가 오른손잡이보다 창의적인 이점을 갖는다는 것은 왼손잡이가 본래 창의적이라는 말과는 조금 거리가 있습니다. 왼손잡이의 창의성은 그가 오른손을 얼마나 사용하느냐에 달려 있습니다. 이 지점에서 왼손잡이의 사회·문화적 환경이 중요한 변수로 등장합니다. 연구자들은 왼손잡이가 창의적인 이점을 갖는 이유를 오른손잡이 중심의 사회·문화 환경

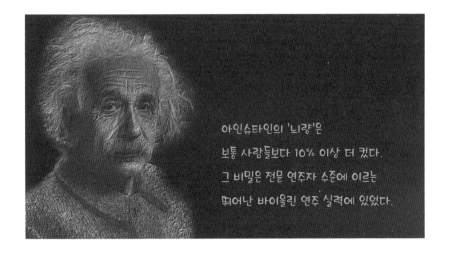

아인슈타인의 '뇌량'은
보통 사람들보다 10% 이상 더 컸다.
그 비밀은 전문 연주자 수준에 이르는
뛰어난 바이올린 연주 실력에 있었다.

에 적응하기 위해 오른손을 쓰려고 노력할 수밖에 없었기 때문이라고 풀이합니다. '적응'이라는 사회적 요구와 개인의 필요성이 창의성에 긍정적인 영향을 미쳤다는 설명입니다.

아인슈타인은 좌·우뇌 협응의 창의적 이점을 누린 세기적인 인물입니다. 아인슈타인은 오른손잡이였습니다. 보기 드문 대칭적인 뇌를 가졌던 그는 상대성이론을 내놓은 역사상 가장 위대한 과학자 중 한 사람입니다. 중국 화둥사범대학교 물리학 교수 먼웨이웨이(Weiwei Men)가 사후 보관된 그의 뇌 사진을 분석한 결과, 아인슈타인의 '뇌량'은 조건이 비슷한 보통 사람들보다 10% 이상 더 컸다고 합니다. 뇌의 좌반구와 우반구를 연결하는 신경망이 훨씬 더 촘촘했습니다.

아인슈타인의 뇌량이 10%나 컸던 이유 가운데 하나로 전문 연주자 수준에 이르는 뛰어난 바이올린 연주 실력을 꼽을 수 있습니다. 뇌량의 구조와 기능을 보면 앞쪽 뉴런은 손의 움직임에 연결돼 있고 뒤쪽은 산술에 연결돼 있습니다. 음악은 우뇌를 자극하는 특성이 있습니다. 특히 바이올린은 왼손 손가락으로 코드를 짚고 연주하는 탓에 특별히 오른쪽 뇌를 더욱더 강하게 단련합니다. 아인슈타인이 13살 때부터 시작한 바이올린 연주가 우뇌를 자극하고, 뇌량을 키웠으며, 수학적인 능력까지도 높였을 것으로 추정합니다. 아인슈타인은 물리학 문제가 풀리지 않으면 종종 바이올린을 켰고 한참을 연주하다 "알았다!"며 다시 연구에 몰입하곤 했습니다.[4]

　실제로 바이올린 연주자들에 관한 연구를 보면, 오랜 기간의 강도 높은 트레이닝이 뇌에 물리적인 변화를 일으킵니다. 비음악가와 비교했을 때 전문 연주자 뇌의 감각 피질과 운동 피질은 일반인보다 훨씬 더 넓은 영역에 걸쳐 분포돼 있습니다. 특히 바이올린은 활을 쥐는 오른손보다 코드를 짚는 왼손 영역에서 뇌의 감각과 운동 피질 영역이 더욱더 확장됩니다. 강도 높은 연습으로 왼손의 숙련도가 증가하면서 더 많은 뇌의 자원을 획득하기 때문입니다. 오랜 기간에 걸친 지속적인 바이올린 연주 연습은 세련된 손의 감각을 낳고 해당 영역의 피질을 확장시켜 뇌의 기능을 한층 더 강화합니다.[5]

손과 뇌는 언어와 특별한 관계를 맺는다

손은 뇌와 아주 특별한 관계에 있습니다. 좌뇌와 우뇌를 대칭적으로 활성화시키고 뇌량을 키우기 위해서는 양손을 모두 적극적으로 활용해야 합니다. 오른손잡이가 뇌를 활성화하려면 특히 왼손을 많이 쓰는 것이 아주 중요합니다.

왼손을 움직이면 우뇌만이 아니라 좌뇌와 우뇌가 동시에 활성화된다는 연구들이 많습니다. 예를 들어, 오른손잡이가 오른손으로 운동을 하면 뇌의 좌반구가 활성화되지만, 왼손으로 운동을 하면 대뇌반구의 오른쪽인 우뇌는 물론 좌뇌까지도 동시에 활성화됩니다. 그 이유는 오른손잡이가 왼손을 쓸 때, 즉 우세하지 않은 손을 사용하면 좌뇌와 우뇌가 '공조'하는 경향 때문입니다.

신경과 전문의들도 왼손을 단련하면 긍정적인 효과를 기대할 수 있다고 말합니다. 특히 오른손잡이가 많은 우리나라 사람들이 왼손을 단련하면 지적인 면에서 좋은 효과가 나타난다고 주장합니다. 한 매체로부터 왼손 사용에 관해 질문을 받은 신경과 전문의들은 평소에 쓰지 않는 비우세(非優勢)손을 사용하는 데 긍정적인 의견을 내놓았습니다.

전문의들은 "뇌 영상에서 오른손을 쓰면 왼쪽 뇌가 활성화되는 것이 관찰되기 때문에 역으로 왼손을 사용하면 오른쪽 뇌에 영향을 줄 수 있다"고 대답했습니다. 게다가 "왼손을 사용하면 오른쪽 뇌가 발달하면서 감성지능이 발달할 것이다"고 조언합니다. 그리고 "양손을 쓰는 연습을 하면 양쪽 뇌 사이의 정보교환이 활발해져서 뇌 발달에 도움을 줄 수 있을 것이다"고 강조합니다. 양손을 쓰면 두뇌의 대칭적인 활성화와 함께 뇌량이 발달한다는 말입니다.

외국의 신경과학자들 역시 평소 자주 쓰지 않는 손을 단련하라고 조언합니다. 그러면 좌뇌와 우뇌의 정보 처리 과정을 가속화시키고, 지적인 발달을 촉진하며, 창의력과 열린 마음을 키울 수 있다고 말합니다. 신경심리학자인 칼 해일(Carl Hale)은 우리 손이 뇌에 연결돼 있기 때문에 손을 단련함으로써 얼마든지 양쪽 뇌를 자극하고 변화시킬 수 있다고 말합니다. 좌뇌이든 우뇌이든 뇌를 변화시킬 수 있는 큰 힘이 손에 있다는 사실은 분명해 보입니다.

손을 단련해 뇌를 변화시키고자 할 때 특별히 주목해야 할 것이 손과 뇌를 매개하는 '언어'의 힘입니다. 거울 뉴런 이론에 따르면, 우리 뇌는 언어에 민감하게 반응합니다. 특정한 행동과 관련된 말을 하거나 단어를 읽는 것만으로도 뇌는 마치 실제처럼 행동과 관련된 뇌 부위를 활성화합니다. 이처럼 '언어'가 뇌를 자극하는 큰 힘을 가지고 있다는 사실은 아주 각별한 의미를 갖습니다.

왼손으로 운동을 하면 대뇌반구의 오른쪽인 우뇌는
물론 좌뇌까지도 동시에 활성화된다.

우리 뇌의 감각과 운동 피질에서 가장 넓게 분포된 신체 부위가 다름 아닌 손입니다. 뇌는 손짓의 의사 표시에 아주 민감하게 반응합니다. 따라서 손으로 언어와 관련된 행동을 하는 것은 뇌를 자극하는 가장 좋은 방법입니다. 손으로 글씨를 쓰면 눈으로만 보거나 입으로만 외울 때보다 훨씬 더 기억에 강하게 남는 이유가 바로 여기에 있습니다.

왼손으로 글을 쓰면
좌·우뇌가 동시에 단련된다

오른손잡이가 왼손으로 글씨를 쓰면 우리 뇌의 대칭성을 증가시킬 수 있습니다. 왼손잡이의 오른손 글씨 쓰기에 관한 연구는 이 같은 주장에 설득력 있는 근거를 제시합니다. 실제로 오른손으로 글씨를 쓰는 왼손잡이는 좌뇌와 우뇌를 동시에 사용하기 때문에 뇌의 대칭성이 증가하는 것으로 나타납니다. 왼손잡이가 오른손으로 글씨를 쓰면 우뇌는 전과 동일하게 그대로 활성화되면서 좌뇌에서 글쓰기와 관련된 여러 가지 변화가 일어납니다.

왼손 필사를 하면 오른손만으로 쓰는 것보다 훨씬 더 많은 이점이 있습니다. 왼손 필사는 왼손의 운동 피질이 있는 우뇌와 함께 언어의 뇌인 좌뇌를 자극하는 훌륭한 방법입니다. 왼손 필사를 하면 오른손만으로 할 때보다 효과가 훨씬 더 강하고 빠르게 나타나는 이유가 여기에 있습니다. 왼손 필사는 좌뇌와 우뇌를 동시에 단련하는 가장 효과적인 전뇌 트레이닝인 셈입니다.

어느 나라에서건 오른손잡이가 대다수를 차지합니다. 남녀를 불문하고 대체로 한 사회 구성원의 85~90%가 오른손잡이입니다. 왼손잡이는 10~15%에 불과합니다. 양손잡이의 비율은 대체로 5% 안팎으로 추정됩니다. 오른손잡이는 왼손으로 정교한 작업을 하는 일이 거의 없기 때문에 의식적으로 비우세손을 단련해야 할 필요성이 더욱더 커집니다.

오른손으로 글씨를 쓰는 왼손잡이가 대칭성의 이점을 누린다는 사실은 이미 연구를 통해 확인됐습니다. 따라서 오른손잡이 역시 왼손으로 글씨를 써서 양쪽 뇌를 균형 있게 활성화시키고 대칭성의 이점을 누릴 필요가 있습니다. 오른손잡이가 왼손으로 글씨를 쓰는 훈련을 의식적으로 해야 할 필요가 있는 것이지요.

글씨 쓰기는 실제로 손과 손가락을 사용해 언어를 다루는 아주 정교한 작업입니다. 이 말은 손으로 글씨를 쓰는 일이 뇌를 단련하는 가장 정교한 방법이라는 것과 같은 의미입니다. 왼손 필사로 글씨 쓰기를 연습하면 됩니다. 왼손 필사는 왼손으로 글씨를 써서 언어의 뇌를 직접 자극할 수 있는 매우 간단한 비우세손 훈련 방법입니다. 손은 눈과 귀만큼 중요한 감각기관입니다. 우리는 손으로 표현하고 느끼며 물건을 만지고 형태와 질감을 가늠합니다.

손으로 펜을 잡고 글을 써보십시오. 뇌가 움직이기 시작합니다.

왼손 필사로 최고의 기억력과
집중력, 학습 능력을 키운다

손은 아주 뛰어난 감각 기관입니다. 손이 언어와 만나면 뇌가 꿈틀거리기 시작합니다. 왼손으로 글을 쓰면 좌뇌뿐만 아니라 우뇌까지도 활발하게 작동합니다. 좌뇌와 우뇌가 동시에 활성화되어 대칭성이 커지면 공감능력이 발달하고 창의성이 증진됩니다. 왼손으로 글을 쓰면 공조와 협력으로 시너지 효과를 거두는 뇌는 우리가 상상하지 못한 일들을 이뤄냅니다. 이제껏 상상할 수 없었던 능력들이 쑥쑥 자라게 됩니다.

왼손 필사로 가장 먼저 좋아지는 것이 기억력과 집중력, 그리고 학습 능력입니다. 인간의 사고와 행동에 필요한 핵심적인 능력들이 기적처럼 개선됩니다. 이 책에서 알려드리는 방법대로 왼손 필사를 하면 누구라도 자기 안에 있는 그런 놀라운 능력들을 직접 확인할 수 있습니다. 왼손 필사의 놀라운 효과들은 여러분의 상상을 훌쩍 뛰어넘습니다.

왼손 필사를 처음 시작한 이유는 신선한 발상이 돋보이는 읽을 만한 시와 글을 쓰고 싶었기 때문입니다. 기자 생활을 그만 둔 뒤 저는 여행을 하고 글을 쓰면서 살고 싶었습니다. '어떻게 하면 독특하고 참신한 내용이 담긴 좋은 글을 쓸 수 있을까?' 하는 생각이 머릿속을 떠나지 않았습니다. 그래서 다른 작가들이 가보지 않은 길, 시도하지 않은 글쓰기 방법을 찾다가, '왼손으로 필사를 하면 어떤 일들이 일어날까?' 하는 호기심이 발동했습니다. 레오나르도 다빈치나 미켈란젤로, 라파엘로와 같은 르네상스 시대의 거장들이 왼손잡이였다는 사실을 알고 있던 터라 왼손잡이의 행동과 사고방식에서 제 고민의 답을 찾을 수 있으리라 생각했습니다.

2017년 10월부터 왼손으로 시를 외워서 옮겨 적기 시작했습니다. 하지만 왼손으로 글씨를 쓰는 게 정말 쉽지 않았습니다. 왼손 손가락의 소근육이 발달하지 않아서 원하는 대로 직선과 곡선이 만들어지지 않았습니다. 글씨를 쓴다는 일이 얼마나 정교하고 세밀한 손가락 근육의 힘이 있어야 하는지 그때 처음으로 깨달았습니다.

그래서 처음에는 왼손 필사와 오른손 필사를 같이 했습니다. 하루에 2시간 정도를 필사했습니다. 조금씩 손에 힘이 생기고 제법 글씨다운 글씨가 써지면서 왼손 필사 분량을 점점 더 늘려갔습니다. 왼손 글씨는 쓰면 쓸수록 오른손 글쓰기와 다른 차원의 재미가 있었습니다. 오른손으로는 숙련된 글씨를 쓸 수 있었지만 이제 초등학교에 들어간 어린아이처럼 걸음마를 시작하는 왼손은 낯설고도 기이한 모양의 글자들을 만들어냈습니다. 하지만 그 모양이 결코 밉지 않았습니다. 오히려 왼손으로 만들어지는 글씨체가 어떤 모양일지 궁금했습니다. 그래서 왼손이 쓰는 대로 내버려뒀습니다.

왼손으로 펜을 쥐고 필사를 한 지 한 달 정도가 되었을 때부터 예전과 달리 특별하게 느껴지는 현상들이 감지되었습니다. 오른손 필사를 5년 넘게 해왔기 때문에 그런 '차이'가 선명하게 느껴졌습니다. 무엇인가 '차이'를 느낀 이유는 왼손 필사가 오른손 필사보다 효과가 훨씬 강했기 때문입니다. 왼손 필사를 하면 오른손 필사만 할 때보다 월등하게 나은 특별한 능력이 나타난다는 게 확실하게 감지되었습니다. 머릿속의 지식 회로가 통째로 바뀌어버린 것 같은 위력이 느껴졌습니다.

왼손으로 펜을 잡고 글씨를 쓰자 놀라운 변화들이 나타나기 시작했습니다. 왼손으로 글씨를 쓰려면 제대로 움직이지 않는 왼손 손가락 근육을 움직이기 위해서 왼손과 왼손 손가락, 그리고 펜 끝에 신경을 집중해야 합니다. 이 지점이 왼손 필사 이후 생긴 모든 변화의 출발점입니다. 왼손으로 펜을 쥐고 글씨를 반복해 써 내려가며 암송하는 작업이 한 달 두 달이 지나면서 삶에 엄청난 변화를 일으켰습니다.

가장 먼저 나타나는 긍정적인 변화는 기억력과 집중력, 학습 능력이 개선되었다는 점입니다. 왼손 필사를 하면 실제로 암기가 잘 되고, 이해력이 좋아집니다. 실제로 왼손으로 필사하면서 오른손으로 필사할 때는 외우지 못했던 것을 아주 확실하게 암기하고, 훨씬 더 오래 기억할 수 있습니다. 집중력이 강화되는 측면에서도 왼손 필사는 오른손 필사만 했을 때를 완전히 압도합니다. 왼손 필사로 시든 소설이든 몇 문장만 직접 암기해보면 그 차이를 분명하게 확인할 수 있습니다. 또한, 왼손 필사는 외국어를 포함한 여러 분야의 학습 능력을 월등하게 높여줍니다. 왼손 필사를 하면서 외국어나 여러 학습 과목을 공부하는 것과 그렇지 않은 것은 차이가 엄청나게 크다는 사실을 누구라도 쉽게 경험할 수 있습니다.

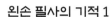

왼손 필사의 기적 1

최강 기억력이 내 것이 된다

왼손 필사를 하면서 가장 눈에 띈 변화는 기억력이 몰라보게 강화된다는 점이었습니다. 물론 오른손 필사로도 기억력이 좋아지는 긍정적인 변화를 느낄 수 있습니다. 하지만 왼손 필사의 기억력 개선 효과는 오른손 필사와 비교가 안 될 만큼 월등했습니다. 그 차이는 여러분이 상상하는 것 이상입니다.

기적 1단계 - 왼손으로 쓰면 기억한 내용이 그림처럼 떠오른다

왼손으로 필사를 하면 기억력을 높이는 데 도움이 될지도 모른다는 발상은 사실 왼손잡이 학생과 성인들을 만나서 얘기를 나누는 가운데 떠올랐습니다. 제가 만난 왼손잡이들은 왼손만 주로 쓰는 전형적인 왼손잡이도 있고 양손잡이가 된 왼손잡이도 있었습니다. 대화를 나누면서 이들이 자신의 학습 능력과 기억력에 아주 강한 자신감을 느끼고 있다는 사실을 알 수 있었습니다.

의대에 진학하기를 희망하는 한 고등학생은 초등학교에 다닐 적에 공부하는 대로 머릿속에 쏙쏙 들어오고 암기가 잘 되어서 자신이 천재가 아닐까 생각했다고 말했습니다. 특별한 이유가 있느냐는 질문에 이 학생은 "그냥 공부하면 잘 외우고 잘 이해할 수 있었다"고 답했습니다. 저는 이 학생이 그런 생각을 한 것은 왼손으로 글씨를 쓰면서 공부했기 때문이라고 판단했습니다.

대학에 와서 취직 시험 준비를 하면서 처음으로 공부다운 공부를 해봤다는 한 대학생은 불과 10개월 정도 공부하고서 그 힘들다는 공무원 시험에 합격하기도 했습니다. 왼손잡이의 전형적인 '손목 꺾기' 자세로 글씨를 썼던 이 학생은 군 복무 때에 다른 동료들이 5시간 정도 걸리는 행정 업무를 자신은 항상 3시간 안에 처리해 칭찬을 많이 받았다는 일화를 들려주기도 했습니다.

왼손만 사용하는 전형적인 왼손잡이였던 또 다른 대학생 역시 공부를 소홀히 하다가 고등학교 3학년 때부터 대학 수능 공부를 시작했는데, 자신이 가길 원했던 지역 국립대에 무난하게 입학해 부모님께서 매우 기뻐했다고 말했습니다. 사실 독하게 마음먹고 공부를 한다고 해서 누구나 원하는 만큼 성적을 내지는 못합니다. 그래서 저는 이 학생의 능력이 왼손잡이가 가진 특별한 기억력과 관련이 있다고 봤습니다.

40대 왼손잡이 여성은 기억력에 관한 아주 재미있는 얘기를 들려줬습니다. 이 여성은 자신은 공부할 내용이 있으면 먼저 완전히 이해한 다음 반복해서 외우곤 하는데, 그러면 시험을 볼 때 외웠던 내용이 마치 사진처럼 떠올라 책 몇 쪽에 어떤 내용이 있었는지까지 확실하게 떠올릴 수 있었다고 했습니다. 저는 이런 능력이 전형적인 왼손잡이의 우뇌 기억법이라고 생각했습니다. 이 여성은 40년 넘게 자신이 오른손잡이라고 생각하고 살아왔지만 그렇지 않다는 사실을 확인하고 놀라워했습니다. 악력 테스트와 손의 선호 사용을 확인한 결과 왼손잡이였습니다. 가족 중에는 그녀의 어머니와 아들이 역시 왼손잡이였습니다.

마찬가지로 자신을 오른손잡이라고 생각하고 있던 한 여학생도 앞선 40대 여성과 똑같은 방식으로 이해해서 암기하고 있었습니다. 그렇게 하면 공부한 내용이 사진처럼 떠오른다는 말을 들려줬습니다. 역시 우뇌 기억력입니다. 대학 4학년이었던 이 학생은 어학 능력이 뛰어났는데, 6개월 동안 영국에서 교환 학생으로 생활했고, 일본 여행을 자유롭게 다닐 정도로 일본어 실력이 뛰어났으며, 베트남어에도 흥미를 느껴 공부를 하고 있었습니다.

이 학생도 악력 테스트에서 왼손의 힘이 오른손보다 강했으며, 말을 할 때 왼손 손짓이 유난히 눈에 띄었습니다. 악력 테스트와 손의 선호 사용을 확인해 보니 왼손잡이로 나타났습니다. 나중에 부모님께 확인한 결과 왼손잡이임이 확인되었습니다. 왼손잡이인 사실이 밝혀진 후, 도서관에서 자리에 앉을 때나 차에 탈 때 사람들의 왼쪽 끝에 앉는 것이 유달리 편했다고 회상하면서 학생 스스로도 아주 놀라워했습니다. 의식하지 못해도 우리의 뇌는 자기 몸의 손잡이를 분명하게 기억하고 있었던 셈입니다.

자신을 양손잡이라고 생각하는 한 30대 여성도 뛰어난 기억력을 자랑했습니다. 어학을 공부하면서 중요한 핵심 개념만 떠올릴 수 있으면 많은 외국어 문장들을 거의 틀리지 않고 외워서 떠올릴 수 있다고 했습니다.

기억력에 강한 자신감을 보이는 왼손잡이들의 주장이 근거가 있음을 시사하는 손과 기억에 관한 흥미로운 연구가 있습니다. 왼손을 자극하면 머릿속에 있는 정보를 떠올리는 회상력이 강화된다는 내용입니다. 처음 암기할 때는 오른손 주먹을 쥐고, 이미 기억한 정보를 떠올릴 때는 왼손 주먹을 쥐는 게 효과가 있다고 합니다. 연구 대상자는 모두 오른손잡이였습니다.

  미국 뉴저지주 몽클레어주립대 루스 프로퍼 심리학과 교수팀이 2013년, 성인 오른손잡이 50명을 다섯 그룹으로 나눠 기억과 회상에 관한 실험을 했습니다. 실험 참가자들은 기억 실험용 단어 72개를 외우고 이를 기억해내는 과제를 수행했습니다. 그 결과, 암기할 때는 오른손 주먹을 쥐고, 회상할 때는 왼손 주먹을 쥐면 기억력이 훨씬 더 좋은 것으로 나타났습니다. 하지만 반대로 주먹을 쥐면 주먹을 쥐지 않을 때보다 기억력이 저조한 것으로 드러났습니다. 실험 결과는 오른쪽 눈 위에 있는 우리 뇌의 우측 전전두엽에는 정보를 출력하는 영역이 있고, 왼쪽 눈 위에 있는 좌측 전전두엽에는 정보를 입력하는 영역이 있다는 이전 연구와 관찰을 재차 증명한 것이라고 합니다.

  이 실험은 왼손으로 펜을 '쥐고' 필사하면 기억한 내용을 훨씬 더 잘 떠올릴 수 있다는 왼손 필사의 경험과 주장을 강력하게 뒷받침합니다. 사실 기억력이 좋다는 말이 결국 정보를 회상하는 능력에 초점이 맞춰져 있다는 점을 고려하면, 이 연구의 결론은 왼손 필사가 기억력에 큰 도움을 준다는 사실을 확인시켜 줍니다. 좌측 전전두엽은 기억 입력의 영역이, 우측 전전두엽에는 기억 회상의 영역이 있다고 하니 새로운 정보를 기억할 때

왼손으로 글씨를 쓰거나 제대로 움직이지 않는 왼손 손가락 근육을 사
용하기 위해서 신 방을 왼손과 왼손 손가락, 그리고 펜 끝에 집중해
야 한다. 왼손 필사 이후 생긴 모든 변화의 출발점은 바로 이 지점
이다. 왼손으로 매우 짧고 굵게 반복해 써 나가면서 가장 먼저
나타나는 긍정적인 변화는 기억력과 집중력, 학습 능력이 개선된
다는 점이다. 왼손 필사를 하면 실제로 알기 쉽게 되고, 이해력이
좋아진다.

왼손으로 써라

는 오른손으로 쓰면서 외우고, 회상할 때는 왼손으로 써서 떠올리면 기억력을 배가하는 데 도움이 되리라 생각합니다. 결국 양손으로 쓰면서 하는 공부가 기억력을 강화한다는 결론에 이르게 됩니다.

기적 2단계 – 단기 기억력은 물론 장기 기억력까지 좋아진다

왼손 필사를 하면서 저 역시 이들이 가진 뛰어난 기억력의 실체를 경험할 수 있었습니다. 왼손잡이들이 가진 탁월한 우뇌 기억력이 제 안에서도 움트고 자라는 것을 확실히 느낄 수 있었습니다. 왼손 필사를 한 사람마다 암기력이 월등하게 좋아졌다는 경험담을 똑같이 들려주었습니다. 왼손으로 하는 필사는 오른손잡이의 뇌에 추가로 왼손잡이의 우뇌 기억력을 구축하는 기적 같은 방법임이 틀림없습니다.

방법은 아주 간단합니다. 왼손으로 외우면서 쓰면 됩니다. 그러면 왼손잡이의 강한 기억력이 실제로 우리 머릿속에서 싹을 틔우고 성장합니다. 기존의 기억 능력에 우뇌 기억력이 더해져 그야말로 마법 같은 힘을 발휘하게 됩니다.

실제로 지난 1년 동안 시를 암송하면서 체험한 왼손 필사와 강화된 기억력의 위력은 '어메이징'했습니다. 여느 문장과 달리 시는 비유법을 사용한 표현이 많아 외우기가 여간 어려운 게 아닙니다. 같은 길이의 문장을 외우더라도 시는 두세 배 힘이 더 들고 오랜 시간 기억하기도 어렵습니다. 하지만 왼손 필사는 달랐습니다. 오른손 필사만 할 때와 비교가 안 될 정도로 암송이 잘 되었습니다. 왼손잡이의 탁월한 우뇌 기억력을 오른손잡이의 두뇌에 튼튼하게 구축해내는 강력한 힘이 바로 왼손 필사에 있었습니다.

 왼손 필사의 뛰어난 회상 능력에 놀랐던 적이 한두 번이 아닙니다. 외웠던 시 한 편이 그림처럼 선명하게 떠올랐던 기억이 아직도 생생합니다. 아침에 잠에서 깬 눈을 떴을 때 전날 외웠던 시 한 편 전체가 그림처럼 선명하게 떠올랐습니다. 저는 기뻐서 소리를 크게 질렀습니다. 놀라서 잠이 깬 아이들이 무슨 일이 있냐며 제 방문을 두드리기까지 했습니다. 전날 오전에 외운 시가 다음 날 아침 침대 머리맡에서 또렷하게 떠오르던 그 감동적인 순간을 결코 잊을 수 없습니다. 평범한 사람이 뭔가 똑똑한 사람으로 변해버린 듯한 그런 멋진 느낌이 정말 좋았습니다. 그 뒤로는 매일 아침 시 한 편을 기억하면서 눈을 뜨는 것이 첫 일과가 되었습니다. 욕심이 커져서 두세 편을 한꺼번에 외울 때도 있었습니다.

 기억력을 강화하는 데 왼손 필사가 오른손 필사보다 월등하게 낫다는 것을 확신하게 된 계기는 정호승 시인의 〈서울의 예수〉라는 시를 외웠을 때입니다. 5개 연으로 이뤄진 〈서울의 예수〉는 314개 어절로 이뤄진 아주 긴 산문시입니다. 이 시에 담긴 목마름의 시어들이 이유 없이 가슴을 아리게 할 때가 있어서 시 전체를 모두 외워서 내 것으로 만들겠노라 여러 번 다짐했습니다.

 하지만 〈서울의 예수〉는 제 기억력의 용량으로 외우기에는 너무 길었습니다. 일반적으로 시 한 편은 대개 60~100개 어절로 이뤄져 있는데 〈서울의 예수〉는 314개 어절로 보통 시의 3~5배에 이르는 긴 산문시였습니다. 여러 차례 시도했지만, 오른손 필사로는 두 연도 제대로 암송하지 못했던 것으로 기억합니다. 몇 번을 반복해서 외웠지만 떠오르지 않는 구절이 워낙 많아서 결국 포기했습니다. 왼손 필사를 시작하기 2년 전쯤의 일입니다.

하지만 한줄기억 왼손 필사로 〈서울의 예수〉를 암송하는 데 성공했습니다. 그것도 단 한 번 시도로 2시간 30분 만에 전체를 외워서 몇 어절 틀리지 않고 모두 암송할 수 있었습니다. 2년 전, 오른손 필사만 할 때는 절반도 외지 못한 것을 단지 2시간 30분 만에 전체 5개 연을 모두 암송해냈습니다. 정말 놀랐습니다. 저 스스로 감탄할 정도로 기억력을 강화하는 왼손 필사의 힘은 정말 대단했습니다. 좋아하는 시를 항상 마음에 담아두었다가 원할 때마다 떠올릴 수 있다는 게 얼마나 기분 좋은 일인지, 저는 가끔 왼손에게 고맙다는 말을 할 때가 있습니다.

이렇게 보면 왼손 필사의 가장 큰 미덕은 단기기억뿐만 아니라 장기기억까지 매우 좋아진다는 점입니다. 전날 오전 10시에 한 시간 동안 시를 외워서 다음 날 아침 6시에 떠올린 것이니 18시간이 지난 시간이었습니다. 왼손 필사는 어빙하우스의 망각의 곡선(Ebbinghaus' Forgotten Curve)을 훌쩍 뛰어넘어버린 셈입니다. 망각 곡선에 따르면 9시간에서 하루쯤 지나는 시간에는 기억한 내용 가운데 36~33%만 떠오른다고 합니다. 그런데 저는 분명히 한 편의 시를 18시간여가 지난 다음 날 아침까지 기억하고 있었습니다. 그것도 오전에 1시간 정도 외운 것을 거의 다 머릿속에 기억하고 있었습니다.

왼손 필사를 하면 할수록 기억력은 점점 더 좋아집니다. 지금도 하루에 한 편씩 왼손 필사를 하며 시를 외웁니다. 전에는 30~40분 정도 걸리던 것이 지금은 15~20분 정도로 암기하는 시간이 줄었습니다. 물론 그렇게 외운 시를 오랫동안 기억하고 언제나 떠올릴 수 있으려면 반복해서 다시 암송해야 합니다. 하지만 왼손 필사만 하면, 빠른 시간 안에 암기할 수 있다는 자신감이 있었기 때문에 반복해서 외우는 것도 힘들지 않았습니다. 시를 외우는 게 오히려 즐거운 놀이처럼 여겨졌습니다. 원하는 것을 기억하고 오랫동안 떠올릴 수 있는 능력과 자신감을 느낀다는 일은 모든 학습과 직장 업무에서는 물론 일상생활에서도 지극히 중요합니다.

왼손 필사를 하면 기억력을 짧은 시간 안에 증폭시킬 수 있다는 사실은 공부하는 학생과 수험생에게 더없이 반가운 소식이 되리라 생각합니다. 또한, 나이가 들면서 기억력이 떨어지는 노년에게도 기쁜 소식입니다. 평생 젊고 건강한 두뇌를 갖게 되는 비결이 바로 왼손 필사에 있습니다.

왼손 필사의 기적 2
집중력이 최고조에 이르러
목표한 바를 이룬다

왼손 필사로 나타나는 또 다른 중요한 변화는 집중력이 놀라울 정도로 강화된다는 점입니다. 물론 집중력은 기억력을 증진하는 동력입니다. 특정한 대상을 기억하기 위해서는 세밀한 관찰이 필요하고 관찰을 지속하는 데 필요한 힘이 바로 집중력입니다. 왼손 필사로 기억력이 좋아졌다는 것을 느끼게 되었다면 강한 집중력이 준 선물이라고 생각해도 됩니다.

기적 1단계 – 왼손 필사로 집중력과 주의력이 고조된다

왼손 필사가 집중력을 강화하는 이유는 소근육이 발달하지 않은 상태에서 글씨를 쓰려다 보니 높은 주의력이 생기기 때문입니다. 익숙한 손으로 글씨를 쓰는 것과 그렇지 않은 왼손으로 쓰는 것은 정말 큰 차이가 있습니다. 왼손으로 선과 동그라미를 그리면서 단어를 써 내려가는 일은 아주 정교한 작업입니다. 이 정교하고 힘든 작업을 매일 반복적으로 하다 보면 왼손에 펜을 들기만 해도 마음이 가라앉고 차분해지는 것을 느낄 수 있습니다.

또한 필사할 때 문장을 기억하기 위해서 세밀하게 관찰하는 노력 즉, 강한 관찰 효과를 요구하는 필사 작업 역시 집중력을 강화하는 효과가 있습니다. 단어와 표현을 암송하기 위해서 문장을 관찰하고 그 문장의 이미지를 상상하는 일을 반복적으로 수행하면서 왼손 필사를 하다 보면 집중력과 주의력이 자연스럽게 좋아지게 됩니다. 이처럼 왼손 필사의 집중력은 기억력과도 강하게 연결돼 있습니다.

집중력은 기억한 정보를 가지고 특정한 과제를 수행하는 작업 기억(working memory)과 함께 인간의 지능을 예측하는 중요한 요인으로 꼽힙니다. 그런 만큼 집중력과 작업 기억은 아주 밀접한 관계에 있습니다. 집중력이 필요한 정보만을 선택적으로 전달해야 작업 기억이 목표로 하는 과제를 수행할 수 있기 때문입니다. 집중력이 높은 사람은 목표 행동과 관련 없는 정보를 잘 걸러내기 때문에 작업 기억에 부담을 주지 않고 해결해야 할 과제를 잘 처리할 수 있습니다.

기적 2단계 - 자기통제력이 향상된다

왼손 필사를 하면 자기 통제 능력이 좋아집니다. 왼손 필사로 집중력과 작업 기억이 강해지면 주변 환경의 영향을 적게 받고 불필요한 감정에 노출되지 않아 쉽게 흥분하지 않습니다. 그 결과 위급한 상황에서도 신속하게 대처할 수 있으며, 어떤 상황에서도 자신이 목표로 하는 행동을 수월하게 달성합니다.

오른손잡이가 왼손으로 필사를 시작하면 자기통제력이 강해진다는 사실을 피부로 느낄 수 있습니다. 왼손 필사의 집중력과 자기통제력 강화 수준은 오른손 필사를 압도합니다. 이 점은 누구라도 쉽게 확인할 수 있습니다. 왼손 필사와 오른손 필사의 집중력과 자기통제력 차이를 직접 확인할 수 있는 아주 간단한 방법이 있습니다.

확인 테스트 1 – 왼필과 오른필의 집중력 차이 확인 테스트
노트 한 장에 왼손 필사와 오른손 필사를 함께한다

왼손 필사와 오른손 필사의 집중력 차이를 확인하는 가장 간단한 방법은 노트를 절반씩 나눠서 왼손으로 한줄기억 왼손 필사를 한 다음에 이어서 오른손으로 한줄기억 왼손 필사를 해보면 됩니다. 우선 노트를 꺼내 왼손으로 쓰면서 필사를 합니다. 노트의 절반을 다 채웠으면 이번에는 오른손으로 필사를 합니다. 그때 느낌의 변화가 있습니다. 왼손 손가락을 움직여서 한 자 한 자 힘들게 써 내려가다가 손을 옮겨 오른손으로 필사를 시작하면 마음이 느슨해지는 것을 느끼게 됩니다. 집중력이 흐트러지면서 문장을 암송하는 게 힘들어지고 잡념이 생긴다는 사실을 알 수 있습니다.

확인 테스트 2 – 자기통제력 차이 확인 테스트
번잡한 환경에서 왼손 필사를 하다가 오른손으로 필사한다

학습 환경이 좋지 않은 번잡한 상태에서 왼손으로 필사를 하다가 일정한 시간이 지난 뒤 오른손으로 펜을 잡고 필사를 해보면 됩니다. 집에서 필사할 때 아주 쉽게 실험을 할 수 있습니다. 좋아하는 재미있는 오락 TV 프로그램에 채널을 맞춰놓고 왼손 필사를 시작합니다. 제 경우는 〈정글의

법칙〉과 〈나 혼자 산다〉를 틀어놓으면 백발백중 아무 일도 못 합니다.

방법은 쉽습니다. 좋아하는 TV 프로그램을 켜놓고 먼저 왼손 필사를 5분에서 10분 정도 하다가 오른손 필사로 바꿉니다. 왼손 필사를 할 때는 겨우겨우 견딜 수 있었던 사람들도 오른손 필사로 넘어가는 순간 자기통제력이 흐트러지면서 TV로 바로 눈을 돌리게 됩니다.

왼손 필사는 이처럼 오른손 필사보다 자신이 하고자 하는 목표 행동을 수행하는 힘이 훨씬 더 강력합니다. 공부하다가 잡념이 생길 때도 연필이나 볼펜을 왼손으로 옮겨 잡고 쓰면서 공부를 하면 아주 효과적입니다. 또 공부가 하기 싫을 때는 우선 왼손 필사부터 시작해보는 방법도 좋습니다. 필사를 시작하고 얼마 지나지 않아 마음이 가라앉고 차분해지면서 공부에 몰입할 수 있는 상태가 됩니다. 그래서 저는 항상 왼손 필사로 일과를 시작합니다.

집중력과 자기통제력이 강해져서 나타나는 긍정적인 효과는 정말 다양합니다. 책을 읽거나 공부를 할 때 능률이 오르고 학습 시간도 길어집니다. 잡념을 억제하고 오랜 시간을 공부할 수 있는 그 힘이 왼손 필사로 강화됩니다. 왼손 필사를 한 시간 정도 하고 나면 시험공부를 하거나 책을 읽는 다른 시간에도 집중력과 자기통제력이 그대로 잘 유지된다는 사실을 알 수 있습니다. 왼손 필사를 하면 산만하다는 얘기를 듣던 학생도 몰입해서 공부를 할 수 있습니다. 집중력과 자기통제력이 전에는 도저히 불가능한 것처럼 보이던 일들이 실제로 가능해집니다. 학습이나 일상생활에서도 엄청난 변화가 나타납니다.

왼손 필사로 집중력과 작업 기억이 좋아지면 감정조절 능력이 강해지는데, 어떤 상황에서도 환경의 영향을 덜 받으며 쉽게 흥분하지 않고 자신이 하고자 하는 목표 행동을 수월하게 달성합니다. 그러한 변화의 위력을 보여주는 사례가 있습니다.

대학 강사 L 씨는 왼손 필사로 집중력과 작업 기억이 좋아지면서 20년 동안 자신을 힘들게 했던 발표 불안을 2주 만에 극복하는 놀라운 경험을 했습니다. 발표 불안으로 스피치 학원까지 다녀볼까 고민했던 L 씨의 20년 된 오랜 고민을 불과 2주 만에 왼손 필사로 해결해버린 셈입니다.

발표 불안은 실제로 집중력과 밀접한 상관관계가 있습니다. 발표 불안을 없애려면 좌뇌와 우뇌가 적절하게 활성화되고 통제되어야 하며 동시에 집중력을 잃지 않아야 합니다. 그래서 좌뇌와 우뇌의 적절한 활성화 정도와 함께 집중력을 측정하는 것은 발표 불안을 측정하는 핵심적인 방법 가운데 하나입니다.

L 씨는 대학에서 외국어를 가르치고 있었는데 강의할 때마다 지나치게 긴장을 해서 오랫동안 큰 스트레스 요인이 되었다고 합니다. 그는 대학 시절에 유학도 다녀왔고, 외국어에 대해서는 누구에게도 뒤지지 않을 실력이 있는 사람이었습니다. 하지만 강의실에서 학생들 앞에만 서면 너무 긴장해서 자신이 준비한 것을 제대로 전달하지 못하는 경우가 많았습니다. 예문이 잘 떠오르지 않거나, 매끄럽게 말을 하지 못해 당황하는 일이 잦았다고 합니다.

그는 궁여지책으로 수업 준비를 위한 강의 대본을 썼습니다. 1시간 분량 수업이든 2시간 분량 수업이든 처음부터 끝까지 어떤 말부터 시작할 것인지, 예문은 또 무엇을 얘기할 것인지, 마무리를 어떻게 할 것인지 모두 미리 써서 연기 대본처럼 토씨 하나까지 일일이 외우고 연습한 뒤에 강의실에 들어갔습니다. 강의 때마다 그렇게 대본을 준비한다는 것은 쉽지 않은 일이었습니다. 그렇게 하는데도 수업은 여전히 힘들었습니다. 강의 대본에 적어놓은 예문이 생각나지 않아서 당황한 적이 한두 번이 아니었습니다.

대중 앞에서 서서 말을 하는 데 어려움을 겪는 일은 사실 L 씨의 아주 오래된 고민거리였습니다. 거의 20년 가까이 많은 사람 앞에만 서면 떨려서 자신이 준비한 것을 제대로 말하지 못하는 경우가 많았습니다. 스피치 학원에 다녀볼까 진지하게 고민하고 실제로 학원까지 알아보기도 했다고 하니 그가 얼마나 스트레스를 받았는지 짐작이 가고도 남습니다.

우연한 기회에 L 씨에게 왼손 필사를 권했습니다. L 씨가 박사 학위 논문을 준비하고 있었기 때문에 왼손 필사로 우뇌를 자극하면 좋은 논문 아이디어가 샘솟지 않겠냐며 필사를 권했습니다. 사실 그때는 L 씨에게 그 정도로 심각한 발표 불안이 있는지 몰랐습니다. 어떻게 보면 필요와 처방이 우연히 맞아 떨어진 셈입니다.

L 씨는 필사는 물론 왼손으로 할 수 있는 거의 모든 일을 했습니다. 간단한 필기와 아이디어 메모는 항상 왼손으로 했습니다. 왼손에 힘을 기르려고 마우스도 왼손으로 잡았습니다. 매일 12시간 넘게 왼손을 사용했습니다. 창의력을 키워서 학위 논문을 잘 쓰고자 하는 열정 때문에 그렇게 열심히 왼손을 사용했다고 합니다.

왼손 필사와 작업을 한 지 2주가 채 안 되었을 때 그에게 정말 기적 같은 변화가 일어났습니다. L 씨는 강의실에서 나타났던 심각한 문제들이 대부분 사라진 사실을 깨달았습니다. L 씨는 극도의 긴장감 속에서 진행하던 강의가 전과 달리 순조롭게 이뤄졌다고 말했습니다. 실수하면 어떻게 하나 긴장하기는 했지만, 실제 강의에서는 우려했던 일들이 더 이상 발생하지 않았습니다. 지나친 긴장도, 걱정도 두려움도 없이 편안한 마음으로 강의를 하게 되었다고 합니다. 좋은 예문이 적절한 때에 잘 떠오르고 농담까지 하면서 수업을 진행했다는 얘기도 들려줬습니다.

  L 씨는 자신도 매우 놀랐다고 말했습니다. 그의 강의는 그 뒤로 완전히 달라졌습니다. 이제는 강의 대본 없이 편안하고 즐거운 마음으로 수업을 진행하게 되었습니다. 전처럼 강의 시간에 당황하는 일이 거의 없이 수업에 집중할 수 있다고 합니다. 그래서인지 이제 L 씨가 진행하는 강의는 학생들 사이에서 인기가 아주 높아졌습니다.

  이 모든 변화가 집중력과 작업 기억이 개선되면서 나타난 일들이었습니다. 왼손 필사를 시작하면서 저 역시 수업 진행이 훨씬 더 수월해진 경험을 했고, 수업 시간에 필사를 한 학생들도 정도의 차이는 있지만, 발표 능력이 좋아진 사례를 보고했기 때문에 저는 그런 변화가 왼손 필사로 나타난 변화라는 사실을 알 수 있었습니다. 그리고 왼손 필사를 할 때 필사 외에도 마우스 사용 등 왼손 활용을 더욱더 적극적으로 하면 그 효과가 훨씬 더 강화되고 빨리 나타난다는 사실도 확인할 수 있었습니다. 절실한 마음으로 일주일 넘게 매달린 강도 높은 왼손 필사와 왼손 사용이 그런 놀라운 결과를 가져왔던 셈입니다.

L 씨는 왼손 필사에 관해 아주 의미 있는 말을 들려주었습니다. 필사할 때 오른손은 그냥 글을 쓰는 도구에 불과한 듯 무심하지만, 왼손으로 글씨를 쓸 때는 자신의 마음과 손이 함께 생각을 나누는 것처럼 느껴진다고 했습니다. 그만큼 왼손 필사는 L 씨에게 특별한 의미가 있었습니다.

　사실 청중 앞에서 긴 시간 말을 한다는 것은 간단한 문제가 아닙니다. 강연할 내용을 잘 떠올리려면 기억력이 좋아야 하고, 또 조리 있게 말할 줄도 알아야 하며, 상황에 따라 집중력을 잃지 않고 순발력을 발휘하면서 임기응변을 해야 할 때도 있습니다. 또한, 강한 감정조절 능력으로 지나친 긴장이나 두려움을 억제할 수 있어야 합니다. 엉뚱한 질문에도 유연하게 대처할 수 있어야 합니다. 그런가 하면 부정적인 청중의 반응에도 집중력을 잃지 않고 대응하면서 그때그때 강연에 필요한 내용과 표현에 적절한 변화를 주기도 해야 합니다. 이 모든 것이 집중력과 작업 기억에 달려 있습니다. 왼손 필사는 실제로 이 문제를 한꺼번에 해결할 강력한 힘을 갖고 있습니다.

　펜을 잡아보지 않았던 왼손으로 글씨를 쓰려면 숙련된 오른손에 비교해서 훨씬 더 큰 노력과 연습이 필요합니다. 잘 써지지 않는 왼손 글씨를 지속적으로 써 내려가는 과정 자체가 고도의 집중력과 인내심이 필요합니다. 손가락의 근력이 부족한 탓에 글씨체가 삐뚤빼뚤하지만, 중도에 포기하지 않고 계속해서 써 내려가는 일이야말로 섬세한 감각과 미세한 근육 움직임을 단련함으로써 집중력과 작업 기억, 감정조절 능력을 동시에 강화하는 강도 높은 훈련입니다.

　왼손 필사는 집중력과 작업 기억을 강화함으로써 발표 불안을 빠르게

왼손 필사는 집중력과 작업 기억을 강화함으로써 발표 불안을 빠르게 없애 준다. 상사와 동료 앞에서 기획안을 프레젠테이션하는 것이 불안한 직장 인이라면, 과제물을 교수와 학생들 앞에서 발표하는 게 몹시 어려운 대학생이라면, 또 면접관 앞에서 자기소개를 하는 데 어려움을 느끼는 입 시생이나 취업준비생이라면 왼손 필사를 해보자.

없애줍니다. 이 점은 L 씨의 경우는 물론 저와 학생들의 필사 체험을 통해서도 확인한 바 있습니다. 상사와 동료 앞에서 기획안을 프레젠테이션하는 것이 불안한 직장인, 과제물을 교수와 학생들 앞에서 발표하는 게 끔찍하게 어려운 대학생, 또 면접관 앞에서 자기소개를 하는 데 어려움을 느끼는 입시생이나 취업 준비생에게 왼손 필사를 권합니다. 자신의 기획안을 발표하기에 앞서 그 내용을 왼손으로 다른 노트에 옮겨 적어보기 바랍니다. 면접을 위해 준비한 자기소개서를 왼손으로 천천히 필사하기 바랍니다. 정말 기대 이상의 좋은 결과가 있을 것입니다.

여유 있게 준비한다면 더욱 좋습니다. 발표와 면접에 앞서 최소한 한 달 정도는 왼손 필사를 연습한다면 확실한 효과를 기대할 수 있습니다. 필요할 때만 잠깐 하는 것이 아니라 꾸준히 왼손 필사를 한다면 더욱더 크고 놀라운 변화가 있으리라 생각합니다.

왼손 필사의 기적 3

최고의 학습 능력을 갖춘 공부왕이 된다

왼손 필사의 백미(白眉)는 어학 능력과 학습 능력을 빠른 시간 안에 키울 수 있다는 점입니다. 누구나 공부왕이 될 수 있는 비결이 한줄기억 왼손 필사에 있습니다. 왼손 필사가 어학 능력과 함께 학습 능력을 강화한다는 사실은 어떻게 보면 당연한 일입니다. 왼손 필사로 기억력과 집중력이 좋아지고 그야말로 언어 능력에 핵심적인 작업 기억까지 좋아진다면 어학 능력과 학습 능력이 좋아지지 않을 수가 없기 때문입니다.

기적 1단계 – 왼손 필사하면 외국어 능력이 쑥쑥 자란다

왼손 필사는 아니지만, 필사로 외국어를 공부하면 효과가 크다는 사례는 많습니다. 필사로 영어신문 사설을 공부해서 영작 실력이 아주 좋아졌다는 연구가 있습니다. 이 연구는 영어 글쓰기 전략으로서 '베껴 쓰기'와 '요약하여 쓰기'의 효과를 비교했습니다. 연구자들은 대학에서 강의하는 동안 베껴 쓰기와 요약하여 쓰기를 학생들에게 과제로 내주고 그 결과를 분석했습니다. 적절하게 과제를 수행한 학생 8명을 각각 4명씩 필사와 요약하여 쓰기를 한 결과를 분석했습니다.

한 학기, 그러니까 3개월 동안 이 실험을 진행한 연구진은 '필사는 영어 글쓰기에 아주 효과적인 전략'이라고 결론을 내렸습니다. 영어신문 사설을 매일 필사한 4명의 모든 학생이 영어 글쓰기에서 실력이 '상위급'으로 향상된 것으로 나타났습니다. 특히 하위 수준이었던 학생들이 필사로 영어 글쓰기를 했을 때 더 좋은 결과를 보여주었습니다. 학생 4명 가운데 사전 평가가 다른 두 학생에 비교해 현저히 낮았던 두 학생이 놀라운 성적 향상을 보여주었습니다.

이 연구 결과를 보면 필사는 영어 공부에 확실히 큰 효과가 있다는 것을 알 수 있습니다. 학생들이 필사한 기간은 3개월이었고, 하루에 영어 사설 한 편을 필사하는 과제여서 학습 분량 자체가 그리 많지 않았다는 점을 감안하면 주목할 만한 성과로 보입니다.

영자신문사에서 학생 인턴 기자에게 기사 쓰기 연습을 시킬 때도 신문 기사를 필사하게 합니다. 먼저 영어 기사를 한 문장 단위로 보고 암기해서 노트에 적습니다. 이어 외워 적은 문장과 원문을 비교해서 틀린 부분을 교정합니다. 마지막으로 주기적으로 필사하고 정리한 표현들을 복습하고 외웁니다. 이렇게 하면 영어 표현의 정확성과 단문기억력을 높여서 영어 실력을 향상시킬 수 있다고 합니다. 정확한 영어문장을 구사해야 하는 신문사에서도 활용하고 있으니 필사가 외국어 학습 방법으로 훌륭하다는 점은 틀림없는 사실로 보입니다.

하지만 왼손 필사는 외국어 학습에서 오른손 필사보다 훨씬 더 강력한 위력을 발휘합니다. 왼손 필사로 외국어를 공부하면 효과적일 것이라고 처음 느낀 것은 시를 왼손 필사하기 시작한 지 한 달쯤 되었을 때입니다. 퇴직하고 난 뒤 여행을 가면 필요하겠다 싶어 그즈음 대학 어학 센터에서 회화 수업을 받고 있었습니다. 그런데 수업 중에 아주 흥미로운 변화들을 감지했습니다. 원어민 영어 강사의 말이 머릿속에 쏙쏙 들어왔습니다. 영어를 듣고 이해하는 것이 전과는 크게 달라졌습니다. 영어로 대화를 나누는 데도 훨씬 더 자신감을 갖게 되었습니다.

5년 넘게 오른손 필사만 하던 때는 느끼지 못했던 일들이라 그런 일들이 왼손 필사로 나타난 현상임을 직감했습니다. 놀라운 사실은 영어를 필사한 것도 아닌 데 그런 변화들이 영어를 듣고 말할 때 일어났다는 점이었습니다.

외국어 학습에서 이러한 변화들이 일어난 이유는 왼손 필사가 우뇌를 활성화해서 영어의 이해를 도왔기 때문이라고 생각합니다. 실제로 모국어와 외국어의 기능을 담당하는 뇌의 영역은 비슷하지만, 모국어를 구사할 때보다 외국어를 학습하거나 말할 때 활성화되는 뇌의 영역이 훨씬 더 넓다고 합니다. 또한, 모국어를 말할 때는 좌뇌를 중심으로 활성화되는 반면에 외국어를 말할 때는 좌뇌는 물론 우뇌까지 더 많은 영역에서 활성화된다고 합니다. 우리가 우리말로 말할 때보다 영어를 말할 때 활성화되는 우뇌 영역이 훨씬 더 넓다는 말입니다.

그날부터 왼손으로 영어를 필사하기 시작했습니다. 당시에 제가 재밌게 읽고 있던 손과 두뇌에 관한 내용을 담은 《The Hand and The Brain》을 필사했습니다. 영어문장이 어렵지도 않고 반복해서 사용하는 단어들이 많아서 좋았습니다. 저자는 왼손잡이 아이들을 둔 때문인지 왼손잡이에 대한 애정이 각별했습니다. 매일 노트 한쪽 분량을 한 줄씩 암송하면서 왼손 필사를 했습니다. 처음에는 두 시간 정도 걸렸고 점점 시간이 줄어들어 영어로 왼손 필사를 한 지 100일쯤 되었을 무렵엔 40분 안팎에 노트 한쪽 분량을 끝낼 수 있었습니다.

영어문장을 왼손 필사로 암송하는 게 생각보다 어렵지 않았습니다. 필사했던 책이 이론에 관한 책이어서 전문 용어가 많고 5줄에 걸쳐 있는 긴 문장도 많았지만, 시간이 조금 더 걸려서 그렇지 어렵지 않았습니다. 아무래도 기억에 강한 왼손 필사의 위력 때문이리라 생각합니다. 그리고 또 낯선 영어 단어나 철자가 복잡한 전문 용어를 따로 외지 않아도 필사할 수 있었습니다.

왼손 필사를 하면서 영어문장을 보는 속도와 이해가 훨씬 나아진 것은 물론입니다. 영어책을 손에 쥐고 '언제 이걸 다 읽나?' 하던 부담감도 없어졌습니다. 왼손 필사를 하면서 점심을 먹을 때도 영어 전자책을 읽게 됐습니다. 전에는 식사하면서 영어책을 본 적이 없었습니다. 그러다간 소화가 안 될 것이 분명했기 때문입니다.

영어문장을 외우는 게 어렵지 않다 보니 책 한 권쯤은 거뜬히 암기할 수도 있겠다는 자신감이 생겼습니다. 영어뿐만 아니라 프랑스어나 스페인어, 중국어와 러시아어나 힌두어와 같은 여러 다른 나라의 언어들도 모두 공부해봐야겠다는 욕심이 생겼습니다. 특정한 나라를 여행하기 전에 3개월에서 6개월 정도 그 나라 언어를 익혀서 가자는 나름대로 기특한 원칙을 세워보기도 했습니다.

왼손 필사의 효과는 고등학생 K에게 영어를 가르칠 때 더욱더 선명하게 나타났습니다. 학교 후배인 학원 원장이 소개해 준 K는 공부에 '1'도 소질이 없는 젬병이었습니다. 후배의 말에 따르면 집에서 공부한다며 학원도 끊었다고 합니다. K의 성적은 심각했습니다. 전체 성적이 8~9등급 수준이었습니다. 영어 역시 8등급이었습니다. K는 고등학교 3년 내내 영어 공부를 전혀 하지 않았습니다. 중학교 때도 거의 안 했다고 합니다. 그러니 대학을 갈 수 없었습니다.

K에게 왼손 필사로 공부할 것을 권했습니다. K는 3월부터 왼손 필사를 시작했습니다. 3월 한 달 동안은 워밍업으로 영어 단어장을 왼손 필사했습니다. 그날 필사한 것을 저에게 카톡으로 보내게 했습니다. K는 매일 성실하게 왼손 필사한 노트를 사진으로 찍어서 보내왔습니다. 왼손 글씨체가 제법 나아진 것을 보고 워밍업은 이제 그만해도 되겠다 싶어 본격적으로 왼손 필사 학습을 지도하기 시작했습니다.

K에게 영어를 가르친 이유는 간단했습니다. 외국어야말로 작업 기억을 단련하는 데 가장 좋은 도구라는 것을 잘 알고 있기 때문입니다. 왼손 필사로 외국어를 공부해서 작업 기억이 강화되면 다른 과목도 충분히 혼자서 해나갈 수 있으리라 판단했습니다. 영어로 작업 기억을 강화해 우리말로 된 다른 과목을 정복하자는 전략이었습니다.

작업 기억을 훈련할 때는 학습 부담을 줄여야 한다는 게 가장 큰 원칙입니다. 그래서 처음부터 전체 과목을 고루 공부하라는 얘기는 하지 않았습니다. 작업 기억과 우뇌를 활성화할 수 있는 가장 좋은 과목이 외국어이기 때문에 영어를 집중적으로 공부하도록 했습니다. 왼손 필사가 우뇌를 활성화시키면 다른 과목을 공부하는 것도 수월해져서 승산이 있다고 봤습니다. 또한, 영어 능력이야말로 대학에 가서 가장 필요한 학습 능력이기 때문에 밑져도 본전이라고 생각했습니다.

제가 이미 왼손 필사의 기적 같은 학습 능력을 실감했기에 그런 전략을 강하게 밀고 갔습니다. K는 4월부터 초급에서 중급 수준의 영어 독해 교재를 왼손 필사로 암송하면서 공부했습니다. 교재 자체가 K의 학습 능력으로는 이해하기 힘든 수준이었지만 설명이 잘 되어 있고 동영상 강의도 있기 때문에 잘해나갈 수 있으리라 생각했습니다. 조용한 카페에서 한 개 지문에서 5개 문장을 해석해주고 왼손으로 필사하면서 암기하도록 했습니다. 전날 공부한 것을 다음 날 만나서 암송하는 식이었습니다.

효과 | 왼손 필사 학습 첫날, 영어문장 5개를 외웠다

K는 첫날 5개 문장을 모두 암송했습니다. 암송한 것을 확인할 때 한두 개 단어를 빼먹긴 했지만 어쨌든 무난하게 잘 마쳤습니다. 저도 놀라고 K도 놀랐습니다. K에게는 기적 같은 일이었습니다. 왜냐하면, K에게 우리말 문장도 아니고 영어문장을 다섯 개씩이나 외우기란 예전 같으면 완전히 불가능한 일이었기 때문입니다. K는 'were'가 be 동사 'are'의 과거형이라는 것도, 소유격인 'his'와 목적격인 'him'도 구분할 줄 몰랐습니다. 그런데도 문장들을 몽땅 외워버렸습니다.

사실 K의 암기력은 학교는 물론 학원 교사들도 포기할 정도로 심각하게 낮은 수준이었습니다. 물어보니 다섯 문장 암송하는데 2시간 정도 걸렸다고 했습니다. 시간은 다소 걸렸지만, K는 정말 기뻐했습니다. 영어문장을 암기하는 것 자체가 불가능하다고 생각했는데 5문장씩이나 외워버린 사실이 놀랍다고 말했습니다. 왼손 필사를 했더니 신기하게도 영어문장이 외워진다며 자신도 놀라는 표정을 지었습니다. 무엇인가를 외울 수 있다는 게 신기했는지 K는 그날 이후 정말 열심히 왼손 필사를 했습니다. 그렇게 매일 5개 문장을 왼손 필사로 외면서 한 달 반이 훌쩍 지났습니다.

5월 중순부터 K는 영어문장 암기에 더해서 문장 해석 공부도 함께 시작했습니다. 물론 해석이 틀리고 중구난방에 말이 안 되는 게 많았지만, 기초가 약하니 당연한 일이라고 여기고 천천히 하나씩 하나씩 풀어나갔습니다.

그즈음 K는 국어와 사회문화, 한국사 등 입시에 필요한 과목들도 함께 공부하기 시작했습니다. 영어 암기에 자신감을 가지면서 다른 공부도 할 수 있겠다며 K가 자청했습니다.

7월에 모의고사를 본 K는 영어 듣기 평가에서 거의 다 정답을 맞혔다고 했습니다. 무슨 말을 하는지 이해가 되더라고 말했습니다. 그러니까 쉬운 영어문장은 이제 어느 정도 이해가 가능해졌다는 얘기입니다. K의 머릿속에서 언어 이해 능력이 자리 잡아가고 있었습니다. K는 "전에는 선생님이 무슨 말을 하시는지 전혀 이해가 안 되었는데 지금은 수업 내용이 이해가 간다"고 말했습니다. 이 말에서 저는 암기력뿐만 아니라 이해력을 높이는 한줄기억 왼손 필사의 위력을 다시 확인할 수 있습니다.

K는 처음에 하루 2시간 정도 영어를 왼손 필사했고, 3개월이 지났을 때부터는 1시간 만에 필사 학습을 끝내곤 했습니다. 영어를 암기해서 왼손으로 쓰는 시간이 절반으로 줄어들었습니다. 5개월쯤에는 영어문장을 쓰

면서 동시에 외울 수 있었습니다. 왼손 글씨도 거의 오른손 글씨체에 가깝게 잘 썼습니다. 다른 과목들은 특별히 왼손 필사를 하지 않았는데도 성적이 향상되어갔습니다. 영어 왼손 필사로 축적되는 작업 기억이 다른 과목을 이해하는 데에도 그대로 활용되고 있음을 분명하게 알 수 있는 대목입니다.

K가 왼손 필사를 하면서 한 말들 가운데 의미 있게 볼 대목들이 많았습니다. K는 저에게 "왼손 필사하면서 외우면 그냥 기억에 남아요. 눈으로 보고 입으로 외우면 금방 잊어버리는 데 왼손 필사하면 정말 오랫동안 기억에 남아요"라고 말했습니다. 또 아침에 외운 영어문장들이 저녁에까지 그대로 기억에 남아 있어서 한두 번만 연습하면 얼마든지 암송할 수 있다고 했습니다. 그리고 그림처럼 머릿속에 떠오른다는 말도 했습니다. 왼손으로 열심히 쓰면서 외운 것이 머릿속에 선명하게 떠올라서 암송이 어렵지 않다고 말했습니다.

효과 2 왼손 필사 중단하면 기억 능력도 약해진다

왼손 필사를 시작한 지 한 달 보름이 지났을 때, K가 열흘 정도 필사를 소홀히 한 적이 있습니다. 암기가 잘 되니까 입으로만 외고 왼손으로 필사하는 양을 조금씩 줄이면서 게으름을 피웠습니다. 그러자 열흘이 지나면서부터 K의 암송 실력이 눈에 띄게 약해졌습니다. 확인해 보니 왼손 필사를 제대로 하지 않았습니다. 저는 그저 눈으로 보고 입으로만 외는 방법은 K에게 아무런 효과가 없는 이미 낡고 무의미한 방법임을 잘 알고 있었습니다. '왼손으로 쓰면서 외우는 방법'만이 공부를 할 수 있는 '새로운 신경

회로'를 만들어준다는 걸 확신했습니다. K에게 반드시 노트 한쪽을 왼손 필사로 채울 것을 조언했습니다.

K는 다시 열심히 왼손 필사를 하기 시작했고 이틀 뒤부터 예전 암기력을 회복했습니다. 왼손 필사 학습에서 가장 중요한 것은 당장 무엇을 암기하는 게 아니라 조금 힘들고 시간이 걸리더라도 반드시 '왼손으로 써서 외워야 한다'는 점입니다. 왼손으로 써야 지속적으로 암기력과 기억력이 좋아진다는 사실을 확인한 아주 좋은 기회였습니다.

시행착오를 겪은 후, K도 왼손 필사의 위력을 확신했습니다. K는 영어 왼손 필사를 시작한 지 5개월쯤부터 문장을 쓰면서 동시에 암기할 수 있을 정도로 기억력이 좋아졌습니다. 하지만 문장을 다 외워도 끝까지 왼손 필사를 계속해서 항상 노트 한쪽을 모두 채웠습니다. 그렇게 하면 암기력이 더욱더 강화되고 상승한다는 것을 깨달았기 때문입니다.

K는 고등학교 1학년이었을 때 왼손 필사를 알았더라면 하버드대도 합격했을 거라며 웃기도 했습니다. K를 가르쳤던 학원 원장에게 그런 변화를 얘기했더니 "K는 공자 왈 맹자 왈을 외운 뒤 자리만 옮겨 앉아도 둘 중 하나는 금방 까먹던 아이였다"며, "자신이 2년이나 가르쳤는데도 해내지 못한 일을 2개월 만에 해냈다"고 놀라워했습니다. 원장은 K의 예전 암기력과 이해력 수준을 잘 알고 있었기 때문에 K의 변화를 정말 의미 있게 받아들였습니다.

왼손 필사를 하면서 K는 공부에 자신감을 얻었습니다. 다른 과목들도 열심히 했습니다. 그 모습이 정말 대견했습니다. K는 이제 대학에 진학해서 스스로 진로를 결정하고 미래를 설계할 수 있는 자신의 지적 능력을 회복했습니다.

한줄기억 왼손 필사를 개발한 이유가 어쩌면 K와 같이 공부를 힘들어하는 학생들을 위해서가 아니었을까 생각할 때가 있습니다. 그 생각만 하면 정말 가슴이 뿌듯해집니다. 왼손 필사는 공부 얘기만 나오면 기가 죽는 많은 학생들이 어깨를 활짝 펼 수 있게 해주리라 생각합니다. 왼손 필사가 확산되면 세상에서 공부가 가장 쉬운 일이라고 말하게 되는 학생들이 정말 수없이 나타날 거라 확신합니다. 왼손 필사로 공부하면 누구나 공부왕이 될 수 있습니다.

필사로 창작과 학문을 일군 다산 정약용

인쇄술이 널리 보급되지 않아서 책이 귀하던 시대에는 빌려온 책을 베껴서 공부하는 '필사'가 유일한 지식 습득의 방법이자 학습법이었습니다. 우리 역사에서 체계적인 필사 학습의 중요성을 가장 힘주어 말했던 이는 조선 후기의 학자 다산 정약용 선생입니다.

다산 정약용 선생은 학문의 요령(要領)으로서 필사의 위력을 확신했습니다. 그는 학문과 창작의 길로 안내하는 필사의 힘을 정확히 꿰뚫어 보고 필요한 부분을 베껴 쓰는 '초서(抄書)'를 강조했습니다. 초서란 필사와 같습니다. 다산은 새로운 책을 쓰는 데 필요한 대목을 골라 필사하는 것은 물론 구하기 어려운 책을 손에 넣었을 때는 며칠 밤을 새우더라도 책 전체를 또박또박 필사하기를 마다하지 않았습니다.

다산이 언제부터 필사했는지 정확하지 않지만, 1803년, 그가 쓴 편지에 '젊었을 때부터 설날이 되면 그 해에 어떤 책을 읽고 초서할 것인지를 정해서 시행했다'는 구절이 있는 것으로 미뤄볼 때 이미 20대 전부터 필사했을 것으로 생각됩니다.

초서는 그에게 학문의 핵심적인 방법이었습니다. 해마다 새해가 되면 한 해 계획을 미리 세워 독서하고 초서했습니다. 다산이 자녀들에게 면학에 힘쓸 것을 강조하는 글에는 초서에 대한 언급이 절대 빠지지 않았습니다. 초서의 방법과 그 의미에 대해서 '의심할 바 없는 학문의 요령(要領)'이라는 점을 강조했습니다. 초서에서 학문을 하는 데 꼭 필요한 이치와 핵심을 얻을 수 있다고 말했습니다. 그는 초서의 방법을 제대로 익힌다면 책 1백 권도 열흘 안에 끝낼 수 있다며 절대 게을리 해서는 안 된다고 엄히 훈계했습니다.

다산은 학문이든 문학이든 어떤 공부를 하더라도 읽은 것을 초서해 반드시 기록으로 만들었습니다. 아무리 깊이 생각해서 얻은 바가 있더라도 중요한 것을 따로 모아 기록하지 않고 넘긴다면 아무런 소용이 없다고 했습니다. 다산 정약용 선생은 초서 즉, 필사의 방법으로 182책 508권이라는 많은 양의 저술을 남긴 위대한 학자였습니다.

주① 정민, 《삶을 바꾼 만남》, 문학동네, 2011, 30쪽

2부

왼손 필사

공감과 학습의
뇌를 깨운다

왼손 필사가 놀랍도록 빠르게 지적 능력을 강화하는 이유는 무엇일까요? 그것은 외우고 쓰는 왼손 필사의 전체 과정이 우리 뇌를 효율적으로 자극하는 복합적인 지적 훈련이기 때문입니다. 이미 살펴본 것처럼, 손은 우리 뇌를 자극하는 강한 힘을 가지고 있으며, 특히 왼손을 쓰면 좌뇌와 우뇌를 동시에 활성화해 목표를 성취하는 힘을 빠른 속도로 강화할 수 있습니다. 또한, 반복해서 이뤄지는 강도 높은 왼손 필사 과정에서 모든 학습의 핵심적인 기능을 담당하는 거울 뉴런과 작업 기억이 동시에 단련되어 지적 능력이 더욱더 증강됩니다. 이것이 기적 같은 왼손 필사 효과의 메커니즘입니다. 왼손 필사는 그야말로 우리의 지적 능력을 급속도로 증강시키는 마이더스의 손이라고 할 수 있습니다.

필사 –
읽고, 기억하고, 쓰는 복합적인 지적 과정

필사(筆寫)의 개념을 사전에서 찾아보면, '문서나 책과 같은 글을 그대로 옮겨 쓰는 일'이라고 정의합니다. 단순한 것처럼 보이는 '글을 베껴 쓰거나 옮겨 적는 일'에는 실제로 아주 복합적인 인간의 지적 사고와 행동 과정이 개입하고 있습니다. 필사하는 행위에는 '눈으로 읽고', '뇌로 기억하고', '기억한 것을 손을 움직여서 쓰는' 세 가지 범주의 구분된 사고와 행동 과정이 포함돼 있습니다. 이렇게 보면 필사가 얼마나 정교한 사고 활동을 필요로 하는지 새삼 실감하게 됩니다.

필사를 하려면 먼저 문장을 읽어야 합니다. 이 과정은 두뇌의 여러 영역이 동시에 활성화되어야 하는 아주 복합적인 과정입니다. 문장을 읽고 이해하려면 우선 문자를 시각적으로 인식한 뒤, 단어를 소리로 번역하고 의미를 이해해야 합니다. 동시에 단어의 순서와 통사적 특징을 이해하면서 문맥적 단서를 포착하고, 이를 자신이 가지고 있는 어휘 지식과 결합해야 합니다. 글을 이해하려면 이 모든 일을 한꺼번에 수행해야 합니다.

읽은 내용을 외운 뒤 펜을 들고 쓰는 과정 또한 간단하지 않습니다. 옮겨 적기 위해서 우리는 읽은 단어와 구와 절, 문장 전체를 잘 기억해야 합니다. 철자를 보고 읽어 감각기억으로 받아들인 뒤, 주의를 기울여 관찰함으로써 단기기억으로 다시 이동시키고, 작업 기억을 활성화해 옮겨 적기 전까지 단어와 표현, 문장에 관한 정보를 기억하고 유지해야만 합니다.

기억한 내용을 쓰기 위해서 손을 움직일 때도 전두엽과 두정엽의 글쓰기에 관여하는 영역이 제대로 활성화되어야 철자를 틀리지 않고 맞춤법에 맞게 제대로 쓸 수 있습니다. 글씨를 쓰는 순간에도 우리는 펜을 움직여 쓰고 있는 단어가 원문의 내용과 일치하는지를 확인하기 위해 기억한 내용을 계속 떠올리게 됩니다. 이처럼 필사할 때의 과정 즉, '읽고, 기억하고, 쓰는' 과정은 우리 두뇌의 여러 영역이 긴밀하게 정보를 주고받는 복합적인 과정입니다.

필사는 쓰는 사람의 오감이 활성화되어야 하는 아주 섬세한 작업이기도 합니다. 필사는 무엇보다 문장과 글 전체를 온전히 그대로 옮겨 적는 일을 말합니다. 마치 서예를 하는 사람들이 스승이 쓴 멋진 글씨를 받아 놓고 그대로 따라 쓰기 위해서 수십 수백 번씩 임사(臨寫)하면서 서체와 그 맛과 향기까지 체득하는 것처럼, 필사 역시 좋은 글의 문장 구조와 표현을 그대로 옮겨 적으면서 자신의 오감으로 그 맛을 생생하게 느끼고 받아들이는 과정입니다. 그저 눈으로만 읽으면서 스쳐 지나가지 않고 천천히 손으로 옮겨 적으면서 필사하는 사람은 단어 하나하나의 이미지와 의미, 문장의 맛과 향기를 깊고 풍부하게 음미합니다.

필사는 어휘와 문장을 주의 깊게 읽어 그 내용과 의미를 머릿속에 천천히 새기는 '손으로 읽는 독서'라고도 합니다. 필사하는 사람은 옮겨 적는 단어 하나하나, 문장 표현 하나하나, 심지어는 쉼표와 마침표와 같은 부호 하나하나에도 주의를 기울입니다. 어떤 단어를 쓰고, 어떤 구절로 문장을 만들었는지, 그리고 문장부호를 어떻게 써서 글의 리듬을 구성했는지와 같은 세밀한 문체상의 문제들이야말로 문장의 깊은 맛과 의미를 느끼고 자기 것으로 만들고자 하는 필사자에게 아주 중요하기 때문입니다. 이처럼 주의 깊게 문장을 음미하는 과정은 우리 뇌의 '관찰 효과'를 극대화해 기억력을 증진하는 데 결정적인 역할을 합니다.

여기에 한 자씩 한 자씩 또박또박 글씨를 옮겨 적는 필사자의 의지와 노력 그리고 열정까지 고려한다면 필사 과정에 담긴 의미는 더욱더 커집니다. 필사는 책을 읽고, 내용을 기억하며, 손과 팔의 근육을 사용함으로써 언어와 감정 활동에 관련된 뇌의 여러 영역을 동시에 활성화시키는 높은 수준의 사고 작용이자 신체 활동입니다.

필사의 세 가지 핵심 원리 –
모방성, 반복성, 지속성

필사를 하는 과정은 모방성과 반복성, 지속성의 원리를 갖고 있습니다. 이 세 가지 핵심 원리는 필사할 때 여러 긍정적인 효과들이 나타나는 이유이기도 합니다. 필사가 오랜 세월 창작과 학문의 훌륭한 길잡이가 되어온 데는 글을 옮겨 적는 과정에 생기는 모방과 반복, 지속의 세 가지 핵심 원리가 있기 때문입니다.

원리 1 – 모방성(principle of copying)

모방성은 필사의 가장 중요한 핵심 원리입니다. 모방은 모든 학습의 기초입니다. 필사하는 사람은 필사하려는 대상, 주로 문자로 된 글을 그대로 베껴서 옮깁니다. 필사할 때는 원본에 있는 단어와 표현, 심지어는 쉼표나 마침표 등과 같은 문장부호까지도 그대로 꼼꼼하게 옮겨 적습니다. 사소한 듯싶지만, 문장부호는 글의 리듬과 글쓴이의 호흡을 드러냅니다. 문장의 어느 지점에서 쉼표를 찍느냐에 따라, 어떤 길이로 마침표를 찍느냐에 따라 글의 맛이 완전히 달라집니다. 그래서 필사할 때는 단어나 표현을 자기 멋대로 바꾸거나 혹은 전체 내용을 요약해서 옮기는 일을 금기로 삼습니다. 원본의 글을 그대로 옮겨 적으면서 문장과 전체 글의 본래 의미를 마치 마음속에 새기듯 옮겨 적어야 합니다.

원리 2 - 반복성(principle of repetition)

같은 행위를 거듭해 되풀이함으로써 특정한 기능이 점점 나아지는 것을 말합니다. 문장을 읽고 옮겨 쓰는 작업을 계속해서 반복하다 보면 문장을 읽고 이해하는 능력이 자신도 모르게 아주 좋아집니다. 필사하는 양과 시간에 비례해서 문장의 이치를 깨닫고 활용하는 능력이 점점 더 개선됩니다. 필사는 '읽고 기억하고 쓰는' 지적 사고와 행동입니다. 읽고 기억하고 쓰는 일을 반복하게 되면 어휘가 늘고, 적절한 표현을 능숙하게 구사하게 되며, 좋은 문장이 무엇인지를 깨닫게 됩니다. 이렇게 되면 이해하고 활용할 수 있는 어휘와 표현이 풍성해지며, 문장의 통사 구조에 익숙해져 글을 쓰고 읽는 데 부담을 느끼지 않게 됩니다. 필사로 읽고 쓰는 능력이 좋아지는 이유 즉, 리터러시(literacy)가 좋아지는 이유를 반복성의 원리에서 찾을 수 있습니다.

원리 3 - 지속성(principle of continuity)

끊어지지 않고 오래도록 계속되거나 유지되어 나가는 성질을 말합니다. 필사는 비교적 장기간에 걸쳐 연속적으로 이뤄지며, 그 결과로 여러 가지 긍정적인 효과가 증폭되어 나타납니다. 필사의 사전적 의미가 책이나 문

모방성
principle of copying

반복성
principle of repetition

지속성
principle of continuity

필사의 세 가지 핵심 원리

서를 베껴 쓰는 일임에서도 알 수 있듯이 누군가 한 말을 받아 적거나 일시적으로 메모를 하는 것은 필사에 속하지 않습니다. 필사는 일정한 분량을 비교적 오랜 시간에 걸쳐서 옮겨 적는 연속성을 가진 지적 행위입니다. 인쇄술이 널리 보급되지 않았던 시절, 구하기 힘든 문서나 책을 그대로 옮겨 사본을 만들었던 것에서 그 뿌리를 발견할 수 있듯이 필사는 비교적 많은 양의 글과 문장을 오랜 시간에 공들여 옮겨 적는 작업입니다.

필사하면 행복 신경전달물질이 분비된다

필사할 때 우리 뇌에서 분비되는 신경전달물질은 필사를 지속해서 하는데 도움을 줍니다. 필사에 몰입하면 우리 뇌에서는 도파민과 엔도르핀과 같은 신경전달물질이 분비됩니다. 도파민과 엔도르핀은 우리의 마음에 행복감과 안정감을 가져다줍니다. 그래서 필사할 때 좋은 기분과 느낌을 유지할 수 있습니다. 습관이 되면 필사하는 모습을 상상하기만 해도 기분이 저절로 좋아집니다. 바로 이러한 이유로 누구라도 필사를 오랜 기간 지속해서 할 수 있게 됩니다. 얼핏 보면 필사는 따분한 작업처럼 보이지만 실제로 해보면 전혀 그렇지 않습니다. 익숙해지면 필사하는 시간이 즐겁습니다. 자신이 좋아하는 시나 소설을 필사하거나, 또는 필요에 맞게 자신이 원하는 글을 필사하는 작업은 절대 지루하지 않습니다.

모방성과 반복성, 지속성의 세 가지 원리는 필사의 학습 효과를 높이는데 결정적인 역할을 합니다. 특히 글을 쓰려는 사람이 갖추어야 할 능력을 가장 짧은 시간 안에 해결하는 데 큰 도움을 줍니다. 필사하면 우선 글 전체의 구조를 파악하는 힘을 갖출 수 있습니다. 또 빠른 시간 안에 문장력과 표현력을 길러서 자신이 원하는 글을 쓸 수 있습니다. 마지막으로 까다로운 우리말의 문장 규칙, 즉 맞춤법과 문법을 따로 공부할 필요 없이 간단하게 습득할 수 있습니다. 이처럼 글쓰기 과정의 여러 가지 난제들을 한꺼번에 해결할 수 있기 때문에 작가 지망생들은 대부분 일정한 기간 공들여 좋은 작품을 필사하곤 합니다.

모방성과 반복성, 지속성의 원리는 필사가 지적인 삶의 왕도(王道)라 일컬어지는 이유를 잘 설명해줍니다. 필사는 이 세 가지 원리를 바탕으로 '리터러시(Literacy)', 즉 '글을 읽고 쓰고 말하는 능력'을 빠르게 강화합니다.

필사와 닮은꼴, 거울 뉴런이 읽고 쓰고 말하게 한다

필사가 가진 모방성의 원리는 인간을 포함한 모든 동물이 가진 학습 능력을 설명하는 개념이기도 합니다. 필사는 모방 학습에 관한 우리 뇌의 신경 세포인 '거울 뉴런(mirror neuron)'의 기능을 그대로 닮았습니다. 거울 뉴런은 인간은 물론 침팬지와 같은 영장류를 포함하는 거의 모든 동물이 생존에 필요한 능력을 학습하는 아주 중요한 신경 세포입니다. 어떤 행동에 공감하고 그것을 따라 하려고 하면 공감과 모방 학습의 신경 세포인 거울 뉴런이 반드시 작동합니다.

이탈리아 파르마 대학의 자코모 리촐라티(Giacomo Rizzolatti) 박사가 발견한 '거울 뉴런'은 외부 행위를 거울처럼 반영한다고 해서 붙여진 이름입니다. 보고 상상하는 것을 통해서 우리가 비슷한 감정을 느끼거나 같은 내용을 비슷하거나 동일하게 재현해 낼 수 있는 이유가 바로 이 거울 뉴런이 있기 때문입니다.

우리는 동물보다 훨씬 더 발전된 거울 뉴런을 가지고 있습니다. 인간은 실제로 행동하지 않고 책을 읽고 상상하기만 해도 거울 뉴런이 활성화됩니다. 마찬가지로 좋은 문장을 익히기 위해 필사에 몰입할 때에도 거울 뉴런이 왕성하게 움직입니다. '독서는 간접 경험'이라는 말의 과학적인 근거를 우리를 거울 뉴런에서 찾을 수 있습니다.

거울 뉴런은 모든 학습에서 핵심적인 역할을 합니다. 거울 뉴런 덕분에 신발 끈이나 넥타이를 매는 간단한 손짓은 물론 음악 교사의 연주를 관찰하면서 기타의 코드 그립을 배우는 것과 같은 복잡한 연주와 운동을 습득할 수 있습니다. 물론 고등 수학과 복잡한 문장과 문법을 쓸 수 있게 된 것도 거울 뉴런 덕분입니다.

사람들이 서로 감정을 공유하는 것도 거울 뉴런 때문입니다. 다른 사람들의 표정을 보면서 비슷한 느낌과 감정을 갖거나, 텔레비전에서 고통받는 주인공의 모습을 보면서 고통을 느끼며 공감하는 것 역시 거울 뉴런이 우리 뇌의 고통 센터를 활성화시키기 때문입니다. 하품과 웃음, 눈물을 흘리는 행동과 같은 긍정적이거나 부정적인 분위기가 사람에서 사람으로 전염되는 것도 바로 거울 뉴런의 활동 가운데 하나입니다. 경험이든 상상을 통해서든 거울 뉴런을 강화하면 얼마든지 학습 능력과 소통 능력을 강화할 수 있습니다.

'거울 뉴런'의 모방 학습 기능은 지적 능력을 강화하는 필사의 힘을 잘 설명해줍니다. 거울 뉴런은 언어를 다룰 때 아주 활발한 움직임을 보여주기 때문입니다. 언어 능력에 관한 거울 뉴런의 학습 원리는 거울 뉴런이 구현하는 '언어 시퀀스(sequence)'의 개념으로 설명됩니다. 언어 시퀀스란 단어들이 특정한 순서로 배열된 것을 말합니다. 우리 뇌에 저장된 언어 시퀀스가 '추론'과 '은유적 사고"를 할 수 있게 도와줌으로써 비로소 말을 하고 책을 읽고, 글을 쓰는 언어 활동이 이뤄집니다.

거울 뉴런 덕분에 우리는 '언어 시퀀스'를 저장할 수 있습니다. 저장된 언어 시퀀스는 각각의 단어와 문장을 특정한 순서로 말하거나 쓸 수 있게 합니다. 거울 뉴런의 언어 시퀀스는 어떤 말을 하거나 글을 쓸 때, 그에 합당한 말과 글의 순서를 준비합니다. 따라서 거울 뉴런에 문제가 있다면 우리는 의사소통을 제대로 할 수 없습니다. 상대방의 생각과 행동을 이해하기 힘들며 자신의 의사 표현도 제대로 할 수 없습니다.

특정한 행동 뒤에 이어질 다음 행동을 추론할 수 있는 것처럼 거울 뉴런은 사람들의 언어생활에서도 추론을 합니다. 친구가 말하다가 갑자기 입을 다물더라도 우리는 뇌에 저장된 무수한 언어 시퀀스를 바탕으로 그다음에 이어질 말을 짐작할 수 있습니다. 단어를 배열해 문장을 만들 때도 같은 원리로 추론하고 적절한 단어를 떠올려 문장을 완성합니다. 대화를 나눌 때 앞서 한 말을 고려해 다음 말을 이어가듯, 글을 쓸 때도 앞서 써놓은 글을 보면서 이어서 쓸 적절한 어휘와 표현을 추론합니다.

또한, 언어생활에서도 우리는 은유적 사고를 통해 서로 다른 대상이 '공유하는 유사한 속성'을 빠르게 이해합니다. 처음 보는 낯선 단어와 이미지를 우리가 이미 알고 있는 것과 관련지어 빨리 이해할 수 있도록 하는 게 바로 은유적 사고의 핵심입니다. 이런 이유로 은유는 문학을 포함한 모든

예술 영역에서 가장 중요한 수사법으로 여겨집니다.[1]

필사는 거울 뉴런의 작동 원리를 그대로 구현합니다. 언어 시퀀스를 저장하고 이를 토대로 은유하고 추론하는 거울 뉴런의 모방 학습의 원리를 정확하게 반영하고 있습니다. 거울 뉴런을 움직여 문장과 글쓰기에 관한 언어 시퀀스를 저장하는 방법이 바로 필사입니다. 필사의 과정에서 우리는 수많은 어휘와 표현, 구절과 문장을 눈으로 읽고 손으로 쓰면서 머릿속에 저장함으로써 좋은 문장들에 관한 광범위한 언어 시퀀스를 우리 뇌의 언어 신경망에 구축합니다.

따라서 필사를 하면 추론 능력과 은유적 사고가 풍부해집니다. 필사로 다져진 언어 시퀀스를 바탕으로 차이와 유사를 고려해 문맥에 적합한 단어와 표현을 선택해서 쓸 수 있고, 상황에 맞지 않는 문장을 고칠 수도 있습니다. 새로운 문장을 만들어 낼 수 있는 것 또한 필사로 구축한 언어 시퀀스를 토대로 은유하고 추론함으로써 적절한 어휘와 표현을 주제와 맥락에 맞게 배열할 수 있기 때문입니다.

필사로 작업 기억이 좋아지면
잘 읽고, 잘 쓰고, 말도 잘한다

인간의 언어 활동에서 거울 뉴런만큼 중요한 것이 작업 기억(working memory)입니다. 현재 기억이라고도 불리는 작업 기억은 특정한 정보에 초점을 맞추고 기억을 유지하면서 어떤 일을 수행하는 능력입니다. 우리 뇌의 전전두엽피질에서 주로 담당하는 작업 기억은 인간이 지적이고 인간다운 행동을 하는 데 반드시 필요한 핵심적인 능력입니다.

작업 기억은 인간의 거의 모든 사고와 행동에 관여합니다. 글쓰기와 말하기, 읽기를 잘할 수 있게 할 뿐만 아니라, 암산과 논증과 같은 학습 능력과 직장인의 업무 능력, 그리고 문제 해결과 자기 관리, 대인 관계에 이르기까지 인간의 거의 모든 복잡한 사고와 행동에 직접 관여하는 것이 바로 작업 기억입니다.[35] 작업 기억이 좋아지면 우리는 그 모든 분야에서 탁월한 능력을 발휘할 수 있습니다.

작업 기억이 좋아야 잘 읽고, 잘 쓰고, 잘 말합니다. 뛰어난 독서력과 문장력 그리고 훌륭한 스피치 능력을 발휘하는 데에는 좋은 작업 기억이 결정적인 역할을 합니다. 학교에서 발표를 잘하고 적절한 질문을 하려면, 직장 상사와 훌륭한 대화를 나누려면 작업 기억이 좋아야 합니다. 브로카 영역에서 보낸 언어 정보를 전전두엽피질의 작업 기억이 얼마나 잘 처리하느냐에 그 결과가 달려 있기 때문입니다.

읽고, 쓰고, 말하기와 같은 언어 활용 능력에서 작업 기억이란, 어휘와 문장 혹은 단락의 내용과 느낌, 배경 지식 등을 하나의 정보로 저장하고 인출하거나, 필요에 따라 조작하여 실제로 다시 읽고, 쓰고, 말할 때 사용하는 능력을 말합니다. 작업 기억은 언어활동의 거의 모든 과정에 걸쳐 깊숙이 관여합니다. 예를 들어, 글을 읽을 때는 우선 어휘와 문장에 관한 정보가 작업 기억에 저장됩니다. 작업 기억은 그 어휘와 문장을 처리하고 자기 생각을 형성하는 동안 정보를 유지 · 저장합니다. 작업 기억은 이어 자기 생각에 의해서 활성화된 정보를 장기 기억에서 인출합니다. 이런 과정 내내 작업 기억은 초기에 기억한 어휘와 문장에 관한 정보를 유지해야 합니다. 단어와 문장은 물론 내용에서 느끼는 감정과 이미지도 기억해야 합니다. 그래야 읽은 문장을 이해하는 과정이 정상적으로 이뤄집니다.

책을 읽을 때 다른 문장을 읽거나 단락이 달라지면서 주제와 초점이 바뀌면, 작업 기억은 앞선 정보를 삭제하고 새로운 주제와 관련된 정보를 저장합니다. 여기서 개인의 작업 기억 용량의 차이가 중요한 역할을 합니다. 작업 기억 용량이 적으면 그것을 초과하는 정보는 유지되지 못한 채 매 순간 빠르게 새로운 정보로 대체됩니다. 이렇게 되면 읽고 있는 문장을 제대로 이해하지 못한 채 다음 문장으로 넘어갑니다. 글의 이해도가 낮을 수밖에 없습니다. 이해가 되지 않는 글을 계속 읽고 있을 사람은 없으니 누구라도 싫증을 내면서 책 읽기를 포기하고 흥미를 끄는 대상으로 시선을 돌리게 됩니다.

　이처럼 작업 기억은 유지되는 시간이 짧고 용량이 제한돼 있습니다. 작업 기억이 기억하는 용량을 보면, 5살 이하가 최소 1개에서 최대 2개 정보를 저장합니다. 5살부터 청소년기까지는 최소 3개에서 최대 4개의 정보를 저장합니다. 성인은 최소 3개에서 최대 5개 정보를 기억할 수 있습니다. 이 정보를 유지하는 시간도 나이에 따라 달라집니다. 작업 기억이 작동할 때 정보가 유지되는 시간은 짧게는 10초에서 최대 20초입니다. 또한, 작업 기억으로 특정 활동을 지속할 수 있는 시간은 5살에 14살까지가 5분에서 10분 정도이고, 14살 이상부터 성인은 10분에서 20분까지입니다. 이 시간이 넘으면 우리 뇌는 기존 정보 유지에 피로를 느끼고 다른 사고와 행동으로 주의를 돌립니다.

작업 기억 능력은 개인차가 있다

작업 기억 용량은 개인마다 차이가 있습니다. 작업 기억의 정보를 유지하는 시간이 짧거나 용량이 제한돼 있으면 책을 읽고, 대화를 나누며, 글을 쓰는 데 큰 어려움을 겪게 됩니다.

작업 기억에 문제가 있으면 긴 지시 사항을 이해하지 못하거나, 긴 문장을 이해하지 못합니다. 대화를 나누면서 주제를 놓치거나, 독해력과 기억력이 떨어집니다. 작업 기억 용량이 적으면 학생들은 새로운 개념과 어휘를 배울 때 힘들어합니다. 심지어는 배운 내용을 노트에 정리하기조차 쉽지 않습니다. 읽기에 어려움을 겪는 성인들도 작업 기억이 부족한 탓입니다. 심지어는 수학 문제를 잘 풀지 못하는 것도 작업 기억의 문제로 보는데 이는 암산과 추론의 과정이 언어로 이루어지기 때문입니다.

필사를 하면 작업 기억이 좋아집니다. 필사하는 과정 즉, '글을 보고 기억해서 쓰는' 것은 그 자체가 작업 기억을 사용하는 일입니다. 필사할 때 우리는 문장 전체에 배열된 단어의 순서를 그대로 옮겨 적으려고 노력합니다. 이렇게 정보를 순서대로 정확하게 기억하려 할 때 작업 기억은 지속적으로 활성화됩니다. 작업 기억을 반복적으로 활성화시키는 것이 바로 작업 기억을 강화하는 방법의 핵심입니다. 그렇지 않으면 작업 기억 용량이 적은 사람들은 훈련 자체를 회피하게 됩니다. 필사는 처음부터 문장력과 창작력을 동원해서 자기 글을 쓸 것을 요구하지 않기 때문에 부담이 적습니다. 일반적인 글쓰기와 달리 필사는 좋은 문장을 일단 읽고 기억하고 쓰는 것으로 시작합니다. 누구라도 쉽게 필사를 시작할 수 있으며, 반복적으로 필사를 하는 과정에서 작업 기억은 자연스럽게 강화됩니다.

실제로 필사의 과정은 작업 기억을 훈련하는 방법과 정확히 일치합니다. 예를 들어서 언어 작업 기억을 높이는 연습 가운데에는 구조가 복잡한 문장을 기억해서 쓰게 하거나, 반복되는 특정한 단어가 있는 문장을 기억해서 쓰도록 하는 것이 있습니다. 이런 작업 기억 연습들은 필사하는 과정과 다를 게 전혀 없습니다.

작업 기억을 훈련하면 기억력이 좋아집니다. 작업 기억은 행동에 필요한 장기기억을 뇌의 여러 영역에서 직접 인출하는 기능을 수행합니다. 따라서 책을 읽거나 글을 쓸 때 작업 기억은 거울 뉴런이 축적한 언어 시퀀스를 인출해 새로운 정보를 해석하고 결합합니다. 따라서 작업 기억을 단련하면 장기기억 인출 능력도 좋아집니다.

필사로 기억력이 좋아지는 이유가 바로 여기에 있습니다. 필사는 문장을 읽고 기억하여 옮겨 쓰는 과정에서 반복적으로 단기기억과 장기기억을 유지하고 인출합니다. 이렇게 하면 지속적으로 작업 기억을 활성화시킴으로써 장기기억의 인출 능력을 개선할 수 있습니다.

작업 기억 용량은 개인마다 차이가 있다. 작업 기억에 문제가 있으면 긴 지시 사항을 이해하지 못하거나, 긴 문장을 이해하지 못한다. 필사를 하면 작업 기억이 좋아진다.

왼손 필사의 리터러시 전략 – 쓰기로 읽기와 말하기를 견인한다

손과 두뇌에 대한 연구자들은 손이 눈과 입, 귀와 같은 감각 기관이라는 사실을 강조합니다. 손은 어둠 속에서 앞에 있는 물체의 형태와 크기, 재질과 질감을 느낄 수 있습니다. 시각장애인들은 눈이 아닌 손으로 글을 읽습니다. 연인들은 손을 잡는 것만으로도 서로의 감정을 확인할 수 있습니다.

손은 훌륭한 지식 습득의 수단이기도 합니다. 손은 경험한 것을 기억하고 저장합니다. 우리는 손으로 피아노 건반을 누르고, 붓을 쥐고 그림을 그립니다. 이해하고 기억하기 위해 그리고 외부와 소통하기 위해서 우리는 손으로 무엇인가를 해야만 합니다. 손으로 익힌 것은 쉽게 잊히지 않으며 뇌에 아주 강한 기억의 경로와 패턴을 형성합니다.

많은 작가와 작곡가들은 손으로 글씨를 쓸 때 느끼는 특별한 감정에 관심을 기울입니다. 종이 위에 펜이나 연필로 쓰거나 그리면서 느끼는 마찰과 소리의 느낌은 그 자체로 영감을 불러일으키며 컴퓨터 키보드로는 결코 경험하지 못하는 특별한 느낌을 선사합니다.

손으로 글씨를 쓰는 행위는 또한 뛰어난 학습 효과를 가집니다. 많은 연구들이 학습에서 손글씨 쓰기가 주는 이점을 강조합니다. 특히 손으로 펜이나 연필로 글씨를 쓰면 뇌의 인지 발달에 도움이 된다는 연구들이 많습니다.

2005년 프랑스의 5살 이하 어린이에게 손글씨나 타이핑으로 글을 쓰게 한 뒤 그 차이를 조사한 결과, 손글씨를 쓴 아이들이 나중에 글을 더 잘 알아봤습니다. 2012년 네덜란드 엘제비어의 신경과학 및 교육 동향에 나온 연구에서도 손글씨를 배운 아이들의 뇌가 타이핑을 배운 아이들의 뇌보다 훨씬 더 활성화된 것으로 나타났습니다. 2014년 UCLA의 '키보드보다 더 강력한 펜(The Pen Is Mightier Than the Keyboard)'이라는 아주 잘 알려진 연구에서도 종이와 펜으로 강의 내용을 받아 적으면 이해력이 높아지며, 타이핑보다 훨씬 더 오래 기억한다는 연구 결과가 나왔습니다.

이러한 연구들은 손으로 글을 쓰는 신체 활동과 움직임 자체가 글을 읽고 이해하는 뇌의 인지 발달을 강화한다는 아주 강력한 증거들을 제시합니다. 전문가들은 손으로 글씨를 쓰는 작업은 뉴런의 성장과 연결을 촉진하는 뇌신경 성장인자(BDNF, Brain-drived neurotrophic factor)를 분비함으로써 기억력과 이해력을 높인다고 말합니다. 실제로 대뇌피질에서 손의 운동중추가 차지하는 면적이 30%에 이르기 때문에 손을 움직이는 것은 뇌를 아주 강하게 자극합니다.

독일 라이프치히에 위치한 막스 플랑크 인지 및 뇌과학 연구소도 2017

년 문자를 전혀 배우지 않은 성인 30명에게 언어를 읽고 쓰는 법을 가르친 결과, 학습에 관련된 대뇌피질은 물론 학습에 포함되지 않는 뇌 영역도 함께 변화한다는 사실을 발견했습니다. 학습에 포함되지 않는 뇌 영역은 뇌의 심층부에 있는 시상과 뇌간의 일부로 이곳은 주의력과 관련된 뇌 부위로 알려져 있습니다. 따라서 연구진은 읽고 손으로 쓰면서 학습을 하면 주의 집중력을 크게 향상시킬 수 있을 것이라고 말합니다.

이처럼 필기구를 쥐고 쓰는 손글씨는 컴퓨터 타이핑보다 기억력과 이해력 개선에 크게 도움이 됩니다. 손을 움직여서 글씨는 쓰는 일은 마치 운동을 하는 것과 같이 우리 뇌의 성장과 연결을 촉진하는 신경성장인자를 분비합니다. 또 무엇인가를 익히기 위해서 읽음과 동시에 쓰는 행위는 학습 능력뿐만 아니라 주의 집중력을 강화합니다.

손글씨를 쓰면 학습 효과가 뛰어나고 두뇌 활성화에도 좋다고 밝힌 많은 연구들은 우리에게 필사를 함으로써 글쓰기는 물론 읽기와 말하기와 같은 리터러시 능력을 높은 수준까지 끌어올릴 수 있다는 점을 알려줍니다. 쓰기로 강화된 언어 이해력과 집중력은 책을 읽고 말하는 능력까지 증진시켜 줍니다.

특히 왼손으로 글씨를 쓰는 필사는 좌뇌와 우뇌를 동시에 활성화시키는 시너지 효과를 발휘해 우리의 지적 능력을 훨씬 더 빠르고 강하게 만듭니다. 왼손 필사는 언어와 문자와 기호를 논리적으로 조직하는 좌뇌뿐만 아니라 언어를 사용하는 사람의 감정과 어조, 음악적인 운율까지 강화하는 우뇌의 기능을 강하게 활성화합니다. 그 결과 공감 능력과 학습 능력이 훨씬 더 강해집니다. 공감 능력과 학습 능력이 나아지면 쓰고 읽고 말하는 리터러시를 높은 수준으로 끌어올릴 수 있습니다.

원손 필사는 오른손 필사만 할 때보다 글쓰기 능력을 훨씬 더 빠르게 개선합니다. 왼손 필사는 오른손 필사보다 글씨를 옮겨 쓰는 데 더 많은 시간이 걸리기 때문에 작업 기억의 유지 시간과 용량을 그만큼 더 강화할 수 있습니다. 작업 기억이 그만큼 더 좋아지고, 거울 뉴런의 언어 시퀀스를 축적하는 힘도 더욱더 증강됩니다.

거울 뉴런과 작업 기억이 강화되면 훨씬 더 많은 언어 시퀀스를 장기기억에 축적할 수 있습니다. 더 많은 어휘와 표현, 문장을 우리 뇌에 축적하고 더 좋은 추론과 은유를 생산해낼 수 있습니다. 좋은 글을 쓰는 데 훨씬 더 기름진 토양이 갖춰집니다. 왼손 필사는 이처럼 거울 뉴런과 작업 기억을 한층 더 강화해 좋은 글쓰기를 하는 데 강력한 힘을 불어넣어 줍니다.

왼손 필사하면 대화와 발표에도 능숙해진다

좋은 대화를 나누는 것은 아주 즐거운 일입니다. 대화는 우리의 뇌를 건강하게 합니다. 말을 많이 하고 잘할수록 뇌는 더욱더 좋아집니다. 대화가 뇌를 강하게 자극하고 단련하기 때문입니다. 친구와 연인, 혹은 부모와 이야기를 나누면 혼자서 생각할 때보다 훨씬 더 많은 뇌 영역을 자극합니다.

대화할 때는 뇌로 들어가는 혈액량이 크게 증가합니다. 뇌가 한층 더 활성화된다는 얘기입니다.[30] 누군가와 이야기를 나눌 때, 좋은 아이디어가 떠오르는 일이 많은 것도 대화가 뇌를 급격히 활성화하기 때문입니다. 그래서 대화야말로 창의적인 발상의 보고라고 합니다.

말을 잘한다는 것은 사실 쉬운 일이 아닙니다. 시작하는 단계에서부터 이미 이야기의 얼개가 머릿속에 들어있어야 순서대로 조리 있게 말을 할 수 있습니다. 처음 말을 어떻게 시작할지, 몇 가지 예를 들어 설명할 것인지, 마무리는 어떻게 할 것인지를 정해놓아야 합니다. 조리 있게 말하려면 또 매 순간 자기 생각을 중요한 것부터 우선순위로 배열하고, 논리적으로 조직화해야 합니다. 모든 말들이 그때그때 즉흥적으로 쏟아지는 것처럼 느껴지지만, 사실은 머릿속에 저장된 수많은 언어 시퀀스들이 개인이 구상한 이야기의 얼개에 따라 차례차례 목소리로 드러나게 됩니다.

누군가와 대화를 나누다 커피 한 잔이 생각날 때 우리는 '아메리카노' 또는 '에스프레소'라는 단어를 떠올리고, 장기기억의 목록을 뒤져서 맛과 향, 빛깔의 이미지를 떠올립니다. 커피에 관한 새로운 주제와 내용의 대화는 이렇게 개념과 이미지에서 출발합니다. 글쓰기 역시 출발 지점이 동일합니다. 커피의 향에 관한 주제로 글을 쓴다면 '블루마운틴'이나 '케냐AA'와 같은 커피 브랜드 개념을 떠올리거나, 그 커피를 즐겼던 카페의 모습과 같은 시각적 영상을 회상하면서 글을 쓰게 됩니다.

말하기가 시각적 이미지에서 출발한다는 것을 보여주는 재미있는 두 가지 현상으로 '설단 현상'과 '블랙아웃 현상'을 들 수 있습니다.

설단 현상(tip of the tongue)은 개념이 떠오를 듯 말 듯 머릿속에서만 맴돌 때를 말합니다. 설단 현상을 겪을 때 우리는 떠올린 이미지의 정확한 개념을 생각해내지 못해서 쩔쩔맵니다.

블랙아웃(blackout) 현상은 지나친 스트레스와 긴장으로 자신이 말하려고 했던 내용이 생각나지 않고 꿀 먹은 벙어리가 되는 상황을 말합니다. 흔히들 '눈앞이 캄캄하다'고 할 때가 이럴 때입니다. 이 두 가지 현상 모두 개념이나 선명한 이미지와 같은 시각적 영상이 떠오르지 않아 말하기가 중단되거나 곤란을 겪는 상황을 나타냅니다. 시각적 단서가 없다면 우리는 글을 쓸 수도 말을 할 수도 없습니다.

글쓰기와 말하기는 이처럼 시각연합영역에서 새로운 어휘와 표현을 끌어내는 동일한 인출 경로를 공유하고 있습니다. 글쓰기와 말하기가 동일한 출발점에 있다는 사실은 글쓰기를 반복적으로 하면 말하는 능력이 좋아질 수 있다는 점을 시사합니다. 시인이나 소설가처럼 글쓰기를 업으로 삼은 이들이 말을 못 하는 경우는 거의 없습니다. 글을 쓰기 위해서 끊임없이 새로운 개념과 이미지를 떠올리며 저울질하는 과정이 바로 손으로 쓰면 글이 되고 입을 열면 말이 되기 때문입니다. 내로라하는 시인과 소설가들이 대체로 뛰어난 재담가이기도 한 이유가 바로 여기에 있습니다.

왼손 필사는 글쓰기와 마찬가지로 글이 가진 방대한 어휘량과 복잡한 구조를 학습하는 방법이기 때문에 동일한 효과를 발휘합니다. 실제로 학생들에게 일정 기간 왼손 필사를 시켜보면 친구들과 대화를 하거나 부모와 이야기를 할 때 전과는 달리 자신이 가진 생각을 제대로 표현하고 효과적으로 잘 전달했다는 얘기를 자주 합니다. 왼손 필사를 하면서 자연스럽게 어휘력이 늘어나고 표현력이 좋아졌기 때문입니다. 왼손 필사를 한 학생들은 발표에서도 자신감을 갖게 되는 데 그 역시 필사로 강화된 작업 기억의 긍정적인 효과라고 할 수 있습니다.

여러 사람과 대화를 나누거나 많은 사람 앞에서 발표를 할 때는 높은 수준의 집중력과 작업 기억이 필요합니다. 왼손 필사는 제대로 발달하지 않은 소근육을 정밀하게 조절하면서 글씨를 쓰고, 훨씬 더 많은 시간을 들여 필사를 하는 탓에 오른손 필사보다 훨씬 더 강한 집중력과 작업 기억을 길러줍니다. 이렇게 강화된 집중력과 작업 기억이 대화를 나누거나 발표를 할 때 발생할 수 있는 위기 상황에 적절하게 대처할 수 있도록 합니다. 앞서 대학 강사 L 씨의 사례에서처럼 왼손 필사와 집중적인 왼손 사용으로 생긴 놀라운 집중력과 작업 기억은 20년에 걸친 발표 불안을 없앨 정도로 강력한 힘을 발휘합니다. 왼손 필사를 꾸준히 하면 이처럼 언제 어디서든지 자연스럽게 대화를 나누고 말을 할 수 있습니다.

왼손 필사가
창작과 창의성의 새로운 문을 연다

언어 시퀀스를 축적하고 은유와 추론을 가능하게 하는 거울 뉴런과 문장을 읽고 쓰고 말하는 데 필요한 작업 기억은 오래전부터 문학에 입문하고자 하는 이들에게 필사의 방법이 길라잡이가 되어 왔던 이유를 잘 설명해 줍니다. 거울 뉴런은 추론과 은유의 기능을 통해서 미학적인 차이와 유사의 심미안을 구축합니다. 좋은 언어 작업 기억은 실제 좋은 문장을 구사하는 능력을 말합니다. 이 같은 문학적 심미안과 문장력에서 새롭고 독창적인 작품이 탄생합니다.

창의성에 관한 많은 연구가 이를 잘 설명합니다. 새로운 형식과 내용의 독창적인 작품을 쓰는 데 반드시 필요한 창의적 사고력은 축적된 지식이 새로운 정보와 만날 때 나타납니다. 거울 뉴런으로 축적된 풍부한 언어 시퀀스, 기억된 지식의 넓고 기름진 밭이 있어야 창의성의 씨앗이 풍성하게 자랄 수 있습니다. 거울 뉴런이 축적한 언어 시퀀스가 많으면 많을수록 더 많은 새로운 작품이 생산될 가능성이 커집니다.

더 많이 읽고 더 많이 필사하면 창작과 창의성의 발현에 기초가 될 지식과 경험 즉, 언어 시퀀스를 풍부하게 쌓을 수 있습니다. 필사로 축적된 풍성한 언어 시퀀스는 특정한 시점에서 창작의 힘으로 전환됩니다. 안데르스 에릭슨(Anders Ericsson)은 그의 책 《1만 시간의 재발견》에서 탁월한 수행의 기준을 가늠하는 마음속의 이미지를 터득하게 되면 스스로 문제를 해결하는 능력을 갖추게 된다고 했습니다. 그리고 특정한 분야에서 그러한 이미지를 개발하는 최선의 방법이란 '좋은 본보기를 모방하는 것'이라고 강조합니다.

　에릭슨의 견해에 따른다면, 필사야말로 글쓰기에 있어서 최고 수준의 문장을 식별하는 '심미안'을 개발하는 방법입니다. 대가의 작품을 필사하다 보면 최고 수준의 작가가 갖춰야 할 문장에 대한 마음속 이미지와 지식을 확보하게 됩니다. 필사한 모든 글들, 필사한 문장과 표현, 그리고 수많은 지식과 깨달음은 우리 기억 속에 이미 저장된 과거의 경험들과 조우하고 결합하여 새로운 창작의 씨앗을 잉태합니다. 필사는 기존 지식과 새로운 정보의 결합시켜 새로운 창작물을 생산할 수 있는 기름진 토양을 다지는 일입니다.

　영화 〈파인딩 포레스터 Finding Forrester, 2001〉에는 대가의 글을 옮겨서 타이핑하면서 자신의 리듬을 발견해 글을 쓰는 흥미로운 장면이 나옵니다. 타자기 앞에서 한 줄도 쓰지 못한 채 오도카니 앉아 있는 문학 소년 자말에게 퓰리처상 수상 작가 윌리엄 포레스터는 자신의 원고를 건넵니다. 그는 "자판을 두드리다 보면 내면에서 흘러나오는 네 자신의 단어들을 느끼게 될 거야, 그때 네 글을 쓰면 된다"고 말합니다. 윌리엄의 글을 보며 천천히 타자기 자판을 두드립니다. 경쾌한 리듬 속에 타자 속도가 점점 빨라지고, 한 단락이 넘어가면서 자말은 자신의 글을 쓰기 시작합니다.

포레스터의 글을 타자기로 두드릴 때 자말이 느낀 그 리듬은 내면의 고유한 감각을 일깨우는 큰 울림이 되었습니다. 필사는 이처럼 대가들이 쓴 문장의 멋지고 아름다운 리듬과 교감하는 순간을 선물합니다. 실제로 많은 작가가 다른 작가의 작품을 읽는 와중에 갑자기 떠오른 아이디어로 자신의 글을 쓰기 시작합니다. 필사는 대가의 리듬에 공감하고 함께 어우러지게 함으로써 어느 순간 자기 내면의 고유한 리듬을 발견하게 합니다. 영화의 이 장면은 필사에서 창작으로 나아가는 과정을 멋지게 은유합니다.

이처럼 필사는 창작을 낳고, 창작은 다시 후학의 필사로 이어집니다. 문학계에서는 그런 모습이 눈에 띄게 두드러집니다. 실제로 많은 시인과 소설가들이 창작 세계에 입문하는 방법으로 필사를 권합니다. 특히 안도현 시인의 필사 경험담은 아주 좋은 예입니다.

안도현 시인은 백석 시인의 시를 필사했습니다. 그는 백석 시인의 시를 필사하는 느낌을 말하면서 시인의 숨소리를 듣고 옷깃을 만지며, 맹세하고 질투하는 짝사랑처럼 진정으로 행복했다고 표현했습니다.

"나는 그야말로 필사적으로 필사했다. 그런 필사의 시간이 없었다면 내게 백석은 그저 하고많은 시인 중의 하나로 남았을 것이다. 그가 내게 왔을 때, 나는 그의 시를 필사하면서 그를 붙잡았다. 그가 짝사랑이었지만 행복했다. 나는 그의 숨소리를 들었고, 옷깃을 만졌으며, 맹세했고, 또 질투했다. 사랑하면 상대를 닮고 싶어지는 법이다." [주]

안도현 시인은 그처럼 간절히 짝사랑하듯 애틋한 마음으로 필사를 했습니다. 그 느낌을 알기에 필사를 훌륭한 자기학습법이라고 강조하고 권했습니다. 필사할 때 시가 날개를 달고 자신의 가슴으로 날아왔다고 쓴 대목이 눈에 띕니다.

"필사는 참 좋은 자기학습법이다. 시의 앞날이 잘 보이지 않을 때, 어쩌다 눈에 번쩍 띄는 시를 한 편 만났을 때, 짝사랑하고 싶은 시인을 만났을 때, 당신은 꼭 필사하는 일을 주저하지 마라. 그러면 시집이라는 알 속에 갇혀 있던 시가 날개를 달고 당신의 가슴 한쪽으로 날아올 것이다."

거울 뉴런이 다양한 언어 시퀀스를 구축해서 특정한 문장의 차이와 유사를 분별하듯이, 필사는 다양한 문체를 익혀 자신만의 독특한 문체를 완성하는 데 도움을 주기도 합니다. 소설가 최옥정 씨는《소설 수업》에서 다양한 문체를 구사할 수 있는 작가적 역량을 언급하면서 그 방법으로 필사를 소개합니다. 좋은 문장을 모은다거나, 멋진 장면을 필사하거나 좋은 단편 소설을 골라 필사하는 방법을 추천합니다. 제시된 방법들은 사실 초점을 조금씩 달리한 것일 뿐 크게 보면 모두 필사에 해당한다고 볼 수 있습니다.

"소설에 쓰이는 문장은 얼마든지 다양할 수 있다. 작가도 다양한 문체를 구사할 수 있어야 한다. 방법은 얼마든지 있다. 필사, 명문장 사전 만들기, 멋진 20장면 배껴 쓰고 의미에 대해 설명하기. 좋은 단편 필사하기. '만약 내가 지금 이 소설을 쓰고 있는 중이라면'이라는 가정을 하고 쓴다면 더 효과적일 것이다."[20]

창작을 하고자 하는 이들에게 독창적인 문체는 생명과도 같습니다. 자신만의 글을 발견하지 못하고서는 작가로서 성장하기 어렵습니다. 그런데 작가 자신의 고유한 문체를 완성하는 가장 빠른 길이 다름 아닌 자신이 좋아하는 앞선 작가의 글을 모방하는 것이라는 작가들의 역설 같은 조언은 시사하는 바가 큽니다. 자신이 좋아하는 글과 문장과 표현을 쉬지 않고 좇아가다 보면 결국은 자신이 원하는 글을 쓰게 될 것이라는 희망은 지금도 많은 문학을 하고자 하는 이들에게 큰 힘이 되어주고 있습니다. 그들 가운데 많은 이들이 필사에서 길을 구하고 있습니다.

왼손 필사로 문학에 입문하는 이들이 앞으로 많이 나오리라 생각합니다. 지적 능력을 높이는 왼손 필사의 힘은 오른손 필사를 압도하기 때문입니다. 왼손 필사는 거울 뉴런과 작업 기억을 강도 높게 활성화시켜서 공감 능력과 언어 능력, 학습 능력을 강화합니다. 이렇게 되면 문학에서 중요한 은유와 추론 능력을 증진시킬 수 있고 그 결과 더 좋은 작품을 쓸 수 있는 작가들이 많아지리라 생각합니다.

특히 왼손 필사로 좌뇌와 우뇌가 동시에 활성화되어 대칭성이 강화되면 지적 발달이 촉진되고 창의성이 증진됩니다. 창의적인 사고는 좋은 작품을 쓰는 데 없어서는 안 될 핵심적인 요소입니다. 왼손잡이의 창의성이 오른손을 얼마나 사용하느냐에 달린 것처럼 오른손잡이의 창의성은 그가 얼마나 왼손을 사용하는가에 달렸습니다. 따라서 왼손 필사를 하는 것이 좋은 문학 작품을 쓰는 데도 더욱더 많은 이점을 가져다주리라 생각합니다.

필사본 수천 권을 소장한 기억 천재 허균

민간 출판업자들이 목판 인쇄술로 방각본을 찍어내던 1800년대 이전까지 책을 읽고자 하는 이들은 어렵게 구한 책을 밤새워 필사해야만 했습니다. 옛 선비들이 집에서 소장하고 꺼내 읽었던 책은 대부분 필사본이었다고 해도 과언이 아닙니다.

조선 중기의 걸출한 문장가이자 시인, 사회개혁 사상가였던 허균 역시 그런 시대를 살았습니다. 책을 구하기 어려운 시대에 그는 당대의 보기 드문 장서가였습니다. 스스로를 책을 지나치게 즐긴다는 의미의 '서음(書淫)'이라 칭하며, "만 권 책 속의 한 마리 좀벌레가 되고 싶다"고 말하곤 했던 허균은 경포대 근처에 있는 집안의 별장에 〈호서장서각(湖墅藏書閣)〉라는 사설 도서관을 둘 정도로 많은 책을 읽고 소장하기를 즐겼습니다.

정확한 장서 기록은 없지만 여러 자료를 토대로 보면 그가 소장한 서책은 적게는 1만 권에서 많게는 2만 권에까지 이를 것으로 추정됩니다. 오늘날에도 이처럼 많은 책을 개인이 소장하는 일은 쉽지 않은 일인데, 당시에 만 권이 넘는 서책을 소장했다는 것은 실로 놀라운 일이 아닐 수 없습니다. 국가에서 발행한 사서(四書) 한 권의 책값이 조선 시대에는 논 2~3마지기(400~600평)였음을 고려하면 그 많은 책을 사실 돈을 주고 구하기는 어려운 일입니다.

허균이 가지고 있던 많은 책이 대부분 필사본이었음은 두말할 나위 없습니다. 그는 중국에 가서 서책을 구입해 들여오고 이를 필사해 소장했습니다. 특히 1614년과 1615년에는 중국에 사신으로 가면서 무려 4천여 권의 책을 사비로 구입해 들여와 이를 읽고 필사한 뒤 여러 선집으로 만들었습니다. 그 가운데에는 당송팔대가로 꼽히는 구양수의 문장 78편과 소동파의 문장 72편을 모아서 편찬한 《구소문략》을 비롯해, 《국조시산》, 《한정록》 등과 같은 선집들이 있습니다.

필사의 대가들 가운데에는 비상한 기억력을 가진 사람들이 많습니다. 허균 역시 그런 인물 가운데 한 사람입니다. 허균의 뛰어난 기억력은 당대에 이미 정평이 나 있었습니다. 그는 엄청난 양의 서책과 시를 암송할 수 있었다고 합니다.

허균의 기억력에 관한 가장 유명한 일화는 명나라 사신을 수행하는 길에서 일주일 만에 조선의 문인들의 시 선집 4권을 만든 일입니다. 그 해가 1606년, 허균이 서른여덟 살이던 때에 명나라에서 사신으로 왔던 문인 주지번이 그에게 조선 시인들의 시를 적어 달라고 부탁했다고 합니다. 허균은 일주일 만에 최치원을 비롯한 시인 124명의 시 839편을 써서 4권으로 엮어 주었습니다. 평안도 숙녕에서 시작한 것을 송도에 이르러 마무리하고 바로 건넸습니다. 자료를 구하기 쉽지 않은 여행길에서 허균 자신이 암송하고 있는 시를 직접 쓰고 엮어서 4권의 시집으로 만들었다고 하니 실로 놀라운 일이 아닐 수 없습니다.

허균은 또 1598년 명나라 사신으로 온 문인 오명제에게 《조선시선》을 엮어서 주었고, 이때 누이 난설헌의 시집 초고를 건네기도 했습니다. 명나라 사신 오명제는 "허균은 기억력이 아주 좋아 시 수백 편을 외었다. 그에게서 누이가 지은 시 200편을 얻었다"는 말을 했다고 합니다. 사실 허난설헌의 시집은 그녀가 죽기 전 모두 태워 없애 모두 사라진 뒤였습니다. 알려진 허난설헌의 시는 동생 허균이 자신의 기억한 바를 토대로 옮겼거나 필사했고 전해집니다. 그 뒤 앞서 언급한 주지번이 《난설헌집》의 서문을 썼고 허난설헌의 시집은 팬덤(fandom)이 생길 정도로 중국은 물론이고 일본에서까지 베스트셀러가 되어 엄청난 인기를 끌었다고 합니다.

허균은 자신의 기억을 토대로 아주 두툼한 책을 저술하기도 했습니다. 1611년 귀양을 갔던 그는 전국의 음식에 관한 자세한 정보를 담은 《도문대작(屠門大嚼)》이라는 책을 썼습니다. 여기에는 자신이 전국을 유람하며 실제 맛보았던 음식에 관한 체험과 정보가 구체적으로 담겨 있습니다. 기억에 의존해서 지었다고 하지만, 《도문대작》은 그 내용이 구체적이고 정확한 데다 분량 또한 방대해서 보는 이마다 혀를 내두른다고 합니다.

주① 김풍기, 《독서광 허균》, 그물, 2013, 50~51쪽.
주② 이기환, '표절' 허난설헌을 위한 변명. (news.khan.co.kr).
주③ 김성남, 다시 보는 한중 문화 교류 '허난설헌', 2001, (http://legacy.www.hani.co.kr).
주④ 김풍기, 2013, 앞의 책, 222쪽.

3부

왼손 필사
쉽게 따라 하는
실전훈련

이제부터 거울 뉴런을 활성화시키고 작업 기억을 단련해 최강의 기억력과 집중력, 학습 능력은 물론, 문장력을 단기간에 강화해 줄 특별한 필사 방법을 자세히 설명하겠습니다. 앞서 1장과 2장에서 언급한 왼손 필사에 이어 이번 장에서는 간단하지만 아주 특별한 효과를 가진 왼손 필사 방법을 소개합니다. 이 특별한 왼손 필사 방법은 무엇보다도 문장을 '기억'하는 데 초점이 맞춰져 있습니다. 단순한 왼손 필사도 효과가 없지 않지만, 문장을 암송한 뒤 필사를 하면 작업 기억이 강화되면서 그 효과가 몇 배 더 커지기 때문입니다.

먼저 필사할 문장을 '기억' 하라

작업 기억은 기억하고 있는 정보를 가지고 특정한 결정을 내리고 행동하는 능력을 말합니다. 그래서 작업 기억을 훈련하는 모든 과정은 '새로운 정보'를 기억하게 해 주고, 그 '새 정보'와 마주하여 장기 기억 정보를 전환하게 하며, 그 '전환된 정보로 특정 행위'를 수행하는 세 가지 요소를 포함해야 합니다.

작업 기억 연구자인 트레이시 앨러웨이는 자신의 책에서 작업 기억을 연습하는 아주 전형적인 패턴을 보여줍니다. 그것은 관심을 가질 만한 그림을 보여주고 치운 뒤 '기억하고 있는 그림을 그리게 하는' 방법입니다. 이 과제를 수행하려면 먼저 그림을 자세히 관찰한 뒤 세부적인 이미지들의 형태와 위치를 머릿속에 기억해야 합니다. 그리고 그림에 관한 기억을 유지하면서 하나씩 하나씩 옮겨서 그려야 합니다. 이렇게 옮겨 그리기 위해서 기억을 유지하는 것은 시공간 작업 기억을 강화하는 가장 전형적인 형태의 연습 방법입니다.

시공간 작업 기억을 훈련하는 이 방법은 '문장'을 기억해서 필사하는 데 그대로 적용할 수 있습니다. 또한, 문장을 기억해 필사하기를 반복하면 작업 기억을 높은 수준으로 강화할 수 있습니다. 핵심은 '한 문장 전체를 기억'하는 일입니다. 일반적인 필사는 단어나 구를 옮겨 적기는 하지만 문장 전체를 기억할 것을 요구하지는 않습니다. 하지만 모든 작업 기억 훈련의 핵심은 '더 많은 정보를 좀 더 오랫동안 유지하는 능력 즉, 기억력'을 단련하는 데 있습니다. '정보의 유지 시간과 용량을 늘리는 것'이 작업 기억 훈련의 목적입니다. 마찬가지로 새로운 필사의 핵심 역시 문장이라는 정보를 기억하고 옮겨 적는 동안 그 정보를 얼마나 잘 유지하느냐에 있습니다. 새로운 필사는 사실상 언어 및 시공간 작업 기억을 훈련하는 방법 그 자체입니다.

이 책에서 소개하는 새로운 필사의 방법은 기억 효과를 강화하기 위해서 필사할 문장을 소리 내 읽고, 오감을 활용해 생생한 이미지를 만들고, 문장을 외워서 암송하고, 오감 이미지와 문장을 결합해 필사한 다음, 잘못 쓰거나 빠뜨린 어휘와 표현을 고치는 과정을 반복하는 것입니다.

다섯 단계로 구분하고, 매 단계마다 과제를 설정하는 과정이 복잡한 것 같아도 결론은 아주 간단합니다.

'한 문장을 빠른 시간 안에 기억해서 필사'하면 됩니다.

'한줄기억' 왼손 필사의 시작

　작업 기억 훈련은 일상에서 우리가 맞닥뜨릴 수 있는 복합적인 정보를 한꺼번에 제공하여 작업 기억의 부담을 가중시키고 지시된 정보를 기억하면서 행동하고 쓰고 말하게 합니다. 그리고 훈련 과제를 반복해서 연습하도록 합니다. 이러한 작업 기억 훈련의 핵심은 '약간 부담을 주는 정보량을 제공하고 이를 기억'하도록 하는 일입니다. 이렇게 하면 기억 유지 시간을 늘리고 작업 기억 용량을 키울 수 있습니다.

　일반적인 필사는 부담을 주는 기억 과제를 제시하지 않습니다. 여느 필사는 필요한 만큼 보고 옮겨서 적으면 그것으로 그만입니다. 물론 이러한 간단한 방식의 필사로도 작업 기억을 개선할 수 있습니다. 하지만 우리가 기대하는 만큼의 효과를 얻기 위해서는 좀 더 과감하게 기억해야 할 정보량을 늘려야 합니다.

　새로운 필사 방법은 '한 문장 전체를 기억하여 왼손으로 필사'하는 것입니다. 이 방법을 '한줄기억 왼손 필사'라고 부르기로 했습니다. 이 책에서 언급한 모든 왼손 필사는 이 '한줄기억 왼손 필사'를 말합니다. '한 줄'이라는 표현은 글 쓰는 직업을 가진 사람들이 흔히 '한 문장'을 '한 줄'이라고 부르곤 하는 데서 따왔습니다. 책에서 한 문장을 보고 기억해서 필사를 꾸준히 한다면 언어와 시공간 작업 기억을 한꺼번에 훈련하는데 큰 효과가 있으리라 생각합니다.

책마다 문장의 길이가 천차만별이지만, '한 문장'의 길이를 고려할 때 적어도 열 개 이상의 어절 을 가진 문장을 기준으로 삼으면 좋습니다. 10개 정도 어절을 손글씨로 쓰는 데 대체로 20초 정도 시간이 필요한 것을 고려했습니다. 앞서 말씀드린 대로 작업 기억은 특정한 정보를 10~20초 정도 유지할 수 있습니다. 따라서 10개 어절을 넘어서는 문장은 작업 기억의 정보 유지 시간과 정보량을 늘리는 연습에 효과적입니다. 어절이 10개 미만인 짧은 문장은 대체로 20초 안에 쓸 수 있기 때문에 연습 효과가 다소 떨어집니다.

윤흥길의 소설 《에미》에서 뽑은 문장을 예로 들면, [예문1]의 어절은, '이마를', '들이받는,' '기세로,' '미륵산이,' '시야,' '가득히,' '달려왔다'로 모두 7개입니다. [예문2]는 16개, 그리고 [예문3]은 30개 어절로 이뤄져 있습니다.

[예문1] 이마를 들이받는 기세로 미륵산이 시야 가득히 달려왔다.
[예문2] 홍자색의 꽃이삭을 매단 채 무리를 이룬 개여뀌들이 쨍쨍 내리쬐는 한여름이 땡볕 속에서 바람에 가볍게 흔들거리고 있있다.

[예문3] 삶은 그 볼품없고 어리숙하고 그리고 또 둔탁이나 게을러 보이는 질회색의 육중한 덩둥어리를 궁싯궁싯 놀려 시야를 가득 흐려 놓는 지우묵한 먼지의 해멍을 뚫고 얼게 모르게 한 걸음 두 걸음 다가오는 중이었다.

앞서 설명한 대로 [예문1]의 7개 어절은 양이 적어서 작업 기억을 연습하는 효과가 조금 떨어진다고 봐야겠습니다. [예문2]는 16개 어절을 넘는 비교적 긴 문장인 탓에 필사하는 동안 문장을 기억하기 위해서는 특별한 노력이 필요합니다. 경험으로 보면 10개에서 20개 어절로 이뤄진 문장이 작업 기억을 연습하는 데 효과적인 것으로 판단됩니다. [예문3]의 30개 어절은 모두 기억해서 필사하기에 부담이 큽니다. 하지만 작업 기억을 강화하기 위해서는 조금 힘든 과제를 수행하는 도전이 필요합니다. 긴 문장을 필사할 때에는 오 · 탈자가 많이 나오겠지만 계속하다 보면 암송하는 분량이 점점 느는 것을 경험할 수 있습니다. 외워서 쓸 수 있는 어절의 수가 얼마나 늘었는지를 세보는 것도 자신의 작업 기억 능력이 어느 정도 강화되었는지를 확인할 수 있는 한 가지 방법입니다.

단계별 과제로 작업 기억을 강화한다

작업 기억을 강화하려는 목적을 달성하기 위해 한줄기억 왼손 필사는 필사의 과정을 다섯 단계로 나누고, 각 단계마다 수행 과제를 정했습니다. 한줄기억 왼손 필사의 단계별 과제를 충실하게 수행한다면 좋은 작업 기억은 물론 글쓰기와 말하기, 읽기 능력을 동시에 단련할 수 있습니다. 각 각의 단계는 기억력을 높이기 위해 소리 내 읽고, 장기기억에서 인출해 만든 오감 이미지를 문장과 결합해서 암송한 뒤, 필사하고 교정하는 절차로 구성되어 있습니다.

각 단계별로 정한 과제를 구체적으로 보면 다음과 같습니다. 필사를 시작하는 첫 번째 단계에서 필사할 문장을 소리 내 읽은 뒤, 두 번째 단계에서는 오감을 활용해 생생한 이미지를 만듭니다. 세 번째 단계는 문장을 외워서 암송합니다. 네 번째 단계에서 오감 이미지와 기억한 문장을 결합해 필사하고, 마지막으로 다섯 번째 단계에서는 원문과 대조해 잘못 쓴 어휘와 표현을 고치도록 합니다.

1단계 : 필사할 문장을 소리 내 읽는다.
2단계 : 오감을 활용해 생생한 이미지를 만든다.
3단계 : 문장을 외워서 암송한다.
4단계 : 오감 이미지와 문장을 결합해 필사한다.
5단계 : 잘못 쓰거나 빠뜨린 어휘와 표현을 고친다.

한줄기억 왼손 필사의 다섯 단계는 작업 기억 연습의 핵심 요소들을 모두 포함하고 있습니다. 앞서 말씀드린 것처럼 작업 기억 훈련의 핵심 요소는 ① '새로운 정보를 기억'하고, ② '새 정보와 머릿속의 장기기억 정보를 결합'하며, ③ '결합된 정보로 목표 행위를 수행'하는 것을 포함합니다.

한줄기억 왼손 필사의 1단계와 3단계 과제는 작업 기억 연습의 핵심 요소 ①과 일치합니다. 작업 기억 핵심 요소로서 '새로운 정보의 기억'은 '새로운 문장을 소리 내 읽고, 문장을 빠르게 기억하는' 1단계와 3단계 과정과 일치합니다.

한줄기억 왼손 필사의 2단계와 4단계는 작업 기억 연습의 핵심 요소 ②에 해당합니다. 작업 기억 두 번째 핵심 요소인 '새 정보와 장기기억 정보의 결합'은 필사 2단계인 '오감을 활용해 생생한 이미지를 만든다'와 4단계에서 '오감 이미지와 문장을 결합'시키는 과정과 일치합니다. 생생한 오감 이미지를 떠올리는 과정은 자신이 기억하고 있는 이미지를 떠올리는 것이기 때문에 우리 뇌의 장기기억 인출 능력을 활성화시킬 수 있습니다. '문장'이라는 새로운 정보와 '오감 이미지'라는 장기기억 정보를 결합하면 작업 기억 연습의 핵심 요소 ②를 단련할 수 있습니다.

마지막으로 한줄기억 왼손 필사의 4단계와 5단계는 작업 기억 연습의 핵심 요소 ③에 해당합니다. 결합된 정보로 목표 행위를 수행하는 작업 기억 연습의 핵심 요소는 오감 이미지와 문장을 결합해 실제 목표 행위인 필사를 하고 오·탈자를 수정하는 행위로 달성됩니다.

한줄기억 왼손 필사는 문장을 소리 내 읽고, 문장에 맞는 오감 이미지를 떠올린 뒤, 암송하고, 문장과 오감 이미지를 결합해 필사합니다. 물론 실제 필사 과정에서 이 단계들이 순서대로 이뤄지는 것은 아닙니다. 각각의 단계들은 아주 짧은 시간 안에서 서로 겹치면서 거의 동시에 이뤄집니다. 하지만 이렇게 단계별로 분명한 수행 과제를 체계적으로 설정하면 문장을 필사하는 그 짧은 시간 안에 어떤 일을 해야 할지 분명하게 알 수 있습니다.

한줄기억 왼손 필사의 다섯 단계는 유기적으로 연결되어 있습니다. 필사할 문장을 소리 내 읽는 1단계와 문장에 맞는 생생한 오감 이미지를 떠올리는 2단계 과정은 거의 동시에 이뤄집니다. 소리 내 읽으면서 동시에 문장과 일치하는 오감 이미지를 떠올려야 하기 때문입니다.

오감을 활용한 이미지가 실감 나게 잘 만들어져야 문장을 외워서 암송하는 3단계가 쉬워집니다. 암송하다 잘 기억나지 않는 어휘나 표현이 있으면 이미지를 떠올리는 것이 연상 작용을 일으켜 회상에 도움을 줍니다. 그래서 3단계에서 암송을 잘하기 위해서는 1단계에서 문장의 구조를 세밀하게 관찰해야 하고 2단계에서 구체적인 이미지를 떠올려서 각 단어와 표현, 문장에 밀착시켜야 합니다.

실제로 한줄기억 왼손 필사를 하다 보면 2단계와 3단계에서 시간이 가

5단계

잘못 쓰거나
빠뜨린 어휘와
표현을 고친다

1단계

필사할
문장을 소리 내
읽는다

4단계

오감 이미지와
문장을 결합해
필사한다

2단계

오감을 활용해
생생한 이미지를
만든다

3단계

문장을 외워서
암송한다

필사 5단계 쓰기 원칙

장 많이 소요됩니다. 소설이라면 이미지가 잘 떠오르겠지만, 인문학책을 필사한다면 추상적인 문장을 이미지로 떠올리는 게 정말 어려울 수도 있습니다. 하지만 어려운 문장을 시각 이미지로 번역하려는 노력을 기울이면 기울일수록 작업 기억 용량과 유지 시간을 늘리기 위한 한줄기억 왼손 필사의 효과를 극대화시킬 수 있습니다.

문장과 이미지를 결합해서 암송할 때 틀리거나 떠오르지 않는 단어가 있다면 다시 문장을 확인하고 해당 단어와 표현을 집중적으로 기억해야 합니다. 또 문장을 직접 노트에 옮겨 적는 4단계에서도 이미지와 문장을 계속 떠올리는 강도 높은 집중력을 발휘해야 합니다.

마지막 5단계 역시 소홀히 해서는 안 됩니다. 다소 시간이 걸리더라도 오·탈자를 반드시 수정하고 다음 문장으로 넘어가야 합니다. 그래야 좋은 표현과 문장이 어떤 것인지 알게 되고 그것을 자기 것으로 만들 수 있습니다. 문장력을 기르는 힘은 바로 이 마지막 5단계 과정에서 이뤄진다고 해도 지나친 말이 아닙니다. 자신이 떠올리지 못한 어휘와 표현이 어떤 것인지 왜 떠오르지 않았는지를 곰곰이 따져보는 일이 아주 중요하기 때문입니다.

한줄기억 왼손 필사 1단계
필사할 문장을 소리 내 읽는다

한줄기억 왼손 필사의 첫 번째 단계에서 필사할 문장을 소리 내 읽는 이유는 문장을 더 잘 기억하기 위해서입니다. 문장을 소리 내서 읽으면 눈으로만 보는 것보다 훨씬 더 잘 기억에 남습니다. 시각 정보와 청각 정보를 동시에 활성화하고 발성과 관련된 근육을 움직여서 뇌를 자극할 수 있기 때문입니다.

소리 내서 글을 읽는 것은 아주 오래전부터 내려온 훌륭한 독서 방법입니다. 옛사람들은 책을 읽을 때 반드시 '공자 왈 맹자 왈' 소리를 내서 읽었습니다. 특히 소리 내 서책을 읽는 '낭독'은 조선 시대 선비들이 문장의 의미를 깨우치고 글을 암송하기 위해 반드시 지켜서 하던 가장 중요한 학습 방법이었습니다. 선비들은 맑은 목소리로 낭독을 하면서 자연스럽게 문장의 흐름을 잡고, 끊고 맺음의 이치를 터득했습니다. 낭독은 집중력을 높여주기 때문에 묵독으로 읽을 때 생기는 잡념을 없애는 데도 큰 도움을 주었습니다.

소리 내 읽으면 문장을 눈으로 보는 동시에 청각까지 동원할 수 있고, 리듬감을 느낄 수 있어 기억을 한층 더 강화할 수 있습니다. 정지용 시인의 '향수'는 26행으로 구성된 결코 짧지 않은 시이지만, 우리는 가수 이동원과 박인수 씨의 노래로 시 전체를 한 곡의 음악으로 자연스럽게 기억할수 있습니다. 이처럼 청각을 활용하고 리듬을 기억하면 문장을 회상하는데 큰 도움을 줍니다. 문장의 리듬을 기억하는 습관은 또한 자신의 글을쓸 때도 큰 도움을 줍니다. 특히 시의 경우는 소리 내 읽는 습관을 들이는 것이 시의 운율을 터득하는 아주 좋은 방법입니다.

낭독은 또한 뇌를 활성화하는 데도 도움이 됩니다. 눈으로 책을 읽으면 문장은 시각 정보를 처리하는 뇌의 후두엽을 거쳐 다른 대뇌연상 피질로 보내집니다. 눈으로 보는 것뿐만 아니라 소리를 내 책을 읽게 되면 소리가 고막을 울리면서 청각중추와 좌뇌의 언어 중추가 동시에 자극을 받아 뇌가 훨씬 더 많이 활성화됩니다. 입으로 소리 내 글을 읽으면 80개 이상의 근육이 섬세하게 움직여야 하는 탓에 뇌가 그만큼 강하게 활성화됩니다. 이런 뇌 활성화 현상은 글의 뜻을 알지 못한 채 소리 내 읽을 때도 똑같이 일어납니다.

기억력을 높이는 데는 여러 가지 감각을 한꺼번에 동원하는 공감각적인 입력이 효과적이라는 사실은 '정보를 처리한 곳에 해당 정보를 저장한다'는 뇌의 기억 특성에도 잘 들어맞습니다. 우리 뇌는 귀로 들은 정보를 청각 피질에 저장합니다. 눈으로 본 정보는 시각 피질에 저장합니다. 문자를 눈으로 봄으로써 시각 피질에 저장하고, 소리 내 읽어 말소리를 뇌의 운동 감각 피질에 입력하고, 또 귀로 들어서 청각 피질에 정보를 저장한다면 암

기와 회상에 훨씬 더 효과적입니다.[10]

실제로 일본 도쿄에 있는 한 교육연구소에서 연구한 결과, 소리 내 책을 읽으면 눈으로만 읽을 때보다 내용을 훨씬 더 잘 기억할 수 있었습니다. 초등학교 학생 10명에게 2분간 동화책을 소리 내서 읽게 한 결과, 소리 내서 읽은 학생들이 그렇지 않은 학생들보다 책 내용을 10~20% 더 잘 기억했습니다. 낭독하면 묵독보다 책에서 읽은 내용을 훨씬 더 잘 기억할 수 있다는 명확한 근거를 제시한 연구입니다.[11]

우리 뇌의 단기기억은 소리로 기억된다는 점에서도 낭독의 기억 증진 효과를 확인할 수 있습니다. 누군가에게 전화번호를 듣고 기억할 때 우리는 그 소리를 먼저 기억합니다. 단기기억은 몇 분이 지나면 잊어버리거나 좀 더 기억되어 장기기억으로 남게 됩니다. 단기기억을 장기기억으로 넘기기 위해서는 소리 내 읽으면서 리듬을 잘 기억하는 것이 정말 중요합니다.

실제로 한줄기억 왼손 필사를 해보면 이러한 원리를 쉽게 납득할 수 있습니다. 짧은 문장이라면 소리 내 읽고 리듬을 기억하는 것만으로 완벽하게 문장을 떠올릴 수 있습니다. 눈으로 보고 기억하는 것 외에도, 귀로 듣고 기억하기 때문에 문장을 훨씬 더 잘 암송할 수 있습니다. 이는 한줄기억 왼손 필사를 하면 매일 경험하는 일입니다.

한줄기억 왼손 필사 2단계

오감을 활용한 생생한 이미지를 만든다

두 번째 단계에서는 시각을 중심으로 청각은 물론 촉각과 미각, 후각을 총동원해 생생한 이미지를 만들어야 합니다. 이는 소리 내 읽은 문장을 오감을 동원해 입체적인 공감각 이미지로 만드는 과정입니다. 이 단계에서는 필사하는 이가 상상력을 마음껏 발휘하고 문장마다 강렬하게 '감정 이입'을 해야 합니다. 감정 이입이 된 이미지와 문장은 훨씬 더 강한 인상을 남겨 문장을 기억하는 데 도움을 줍니다.

같은 문장을 읽더라도 사람마다 그 문장을 통해 떠올리는 이미지는 절대로 같지 않습니다. 필사하는 사람의 지식과 경험의 맥락에 따라 고유한 이미지가 만들어집니다. 물론 사람마다 문장을 이해하고 해석하는 게 조금씩 다른 탓에 이 점 역시 다른 이미지를 만들게 되는 요인입니다. 하지만 어떤 이미지를 떠올리더라도 최대한 상상력을 발휘해서 생동감 넘치는 이미지를 만들고 감정 이입을 통해 느껴보는 게 중요합니다. 감정 이입이 된 생생한 이미지야말로 문장을 기억하는 열쇠입니다.

필사를 하면서 굳이 문장을 오감 이미지로 구성하는 이유는 세 가지입니다.

첫째 – 이미 언급한 대로 이미지를 활용해 문장을 더 잘 기억하기 위해서입니다.

둘째 – 필사한 문장에 오감 이미지라는 정보를 추가함으로써 기억해야 할 정보량을 늘이려는 의도입니다. 문장을 기억하고 추가로 이미지를 구성하고 기억하면 정보량이 늘어나며, 늘어난 정보량을 기억하는 동안 작업 기억의 용량이 조금씩 커지고 유지 시간도 늘어나는 효과를 볼 수 있습니다.

셋째 – 단어와 이미지, 이미지와 이미지의 새로운 연결 고리를 만들어 자연스럽게 상상력과 창의력을 키울 수 있기 때문입니다.

가끔 한두 번 정도 하고 그치는 이미지 연습으로는 상상력과 창의력을 기를 수 없습니다. 필사를 하면서 매일 반복적으로 오감 이미지 연습을 하면 우리의 뇌는 그만큼 더 많은 상상의 고리를 만들어 더 좋은 아이디어를 생산할 수 있습니다.

문장을 이미지로 바꿀 때는 되도록 기억하기 쉬운 '구체적이고 생생한 이미지'를 구성하는 게 좋습니다. 또한, 단어에 적합한 이미지를 떠올린 뒤 그 이미지의 모양과 촉감, 향기와 느낌을 오감을 통해 생생하게 느끼는 일이 아주 중요합니다. 이미지에 감정을 투사하는 것이 중요하다는 점은 이미 이야기를 했습니다.

예를 들어, '구운 빵'이라는 단어를 떠올렸다면, 실제로 노르스름하게 잘 구워진 빵의 고소한 향기와 부드러운 질감, 그리고 따뜻한 온기까지 느껴질 정도로 생생하게 상상하는 것이 필요합니다. 빵 한 조각을 먹어보는 상상을 하면 좋습니다. 상상으로 빵을 먹으면서 그 맛을 음미하며 행복한 기분을 느껴보기도 해야 합니다. 그렇게 하면 암송하려는 어휘가 시각 이미지는 물론 미각과 후각 이미지와 함께 감정과 강하게 연결돼 기억에 오래 남게 됩니다. 상상하는 것을 현실 체험으로 인식하는 우리 뇌의 특성을 적극적으로 활용하자는 것입니다.

이미지를 만들 때 가장 중요한 것은 시각 이미지입니다. 시각 이미지를 먼저 구성해야 그 이미지에서 맛도 느끼고, 소리도 들으며, 향기도 맡고, 촉감도 느낄 수 있습니다. 인간의 뇌는 새로운 정보를 인식할 때 시각 이미지를 더 잘 기억한다고 합니다. 책을 읽을 때조차 뇌가 더 잘 기억하는 것은 문자 그 자체보다 문자가 연상시키는 시각적인 이미지입니다. 우리 뇌는 그림 이미지처럼 구체적이고 생생한 것을 잘 기억하는 반면, 문자나 숫자처럼 추상적인 것을 기억하는 일은 힘들어하기 때문입니다. 그러니 단어를 생생한 시각 이미지로 전환하면 문장 기억도 그만큼 쉬워집니다.

이미지를 구성할 때 지켜야 할 중요한 원칙이 있다면 각각의 이미지를 문장의 배열 순서와 '일치'시켜야 한다는 점입니다. 그래야만 이미지를 따라가면서 자연스럽게 문장을 떠올릴 수 있기 때문입니다.

예를 들어, '내가 학교에 등교했을 때 시계탑 시침이 아침 7시를 가리키고 있었다'는 문장을 이미지로 구성하면 이렇게 할 수 있습니다.

1단계 → '내가'에 관한 이미지를 먼저 떠올립니다.

2단계 → '학교'를 상상합니다.

3단계 → 내가 '교문을 들어가면서' 교내에 있는 '시계탑'을 보는 모습을 상상합니다.

4단계 → 시침이 '7시'를 가리키고 있는 모습을 순서대로 떠올려야 합니다.

이미지의 순서를 뒤죽박죽 섞어놓으면 필사할 때 문장으로 떠올리는 게 오히려 더 어려워진다는 사실을 잊지 말기 바랍니다.

필사를 하다 보면 문장에 일치하는 이미지가 자연스럽게 떠오르기도 하

지만, 적절한 이미지를 만들기 힘들 때도 많습니다. 이를테면, 소설을 필사할 때에는 대체로 이미지를 떠올리는 데 큰 어려움이 없습니다. 물론 추상적인 어휘로 상황의 전개나 심리의 변화를 설명한다면 이미지를 떠올리기가 다소 힘들어질 수도 있습니다. 하지만 대개의 소설 문장은 이야기와 사건을 묘사하고 서술하는 분량이 많은 탓에 비교적 쉽게 이미지를 구성할 수 있습니다.

시각적 이미지가 잘 떠오르지 않는 추상적이고 논리적인 인문학 서적을 필사할 때는 각각의 문장들을 좀 더 익숙하면서도 친근하고 흥미를 불러일으키는 이미지로 바꿔주기 위해 상상력을 발휘해야 합니다. 예를 들어 '평화'라는 단어를 '비둘기'로 대체해 떠올리는 일은 비교적 쉬운 일입니다. '고행'이라는 단어가 있다면 저는 군 훈련소에서 행군할 때를 떠올리며 잠을 자지 못해 '졸린 눈'을 단어에 연결지을 수 있습니다. 추상적인 단어나 숫자를 기억할 때에는 이것을 구체적인 사물이나 시각 이미지로 바꾸는 것이 회상력을 높이는 데 중요합니다.

이미지는 다소 엉뚱해도 좋습니다. 이미지를 만들 때는 최대한 상상력과 창의력을 발휘하는 게 기억에 도움을 줍니다. 괴상하고 우스꽝스러워도 나쁘지 않습니다. 오히려 엉뚱하고 자극적인 형태의 이미지가 기억에 더 오래 남습니다. 문장을 기억하는 데 도움이 된다면 독자 여러분의 상상력과 창의력을 총동원해서 최대한 자극적인 이미지를 상상하기 바랍니다.

필사를 하면서 이미지를 구성하는 연습을 반복적으로 하게 되면 상상력과 창의력을 키울 수 있습니다. 필사를 하는 과정에서 이미 머릿속의 장기기억에 저장된 지식이나 이미지와 새로 기억한 이미지가 결합하면서 상상력을 자극할 것이기 때문입니다.

우리 뇌는 시각 체계에 이미 저장된 정보를 활용하여 새로운 단어를 익힙니다. 새로운 단어를 배울 때 자신이 알고 있는 지식과 이미지를 단서로 새로운 단어를 이해하고 기억한다는 얘기입니다. 실제로 학생들에게 특정한 그림을 마음속에 떠올린 뒤 그 그림을 말로 써보라고 하면, 학생들이 선택한 어휘가 서로 동일하지 않다는 게 실험으로 확인됩니다. 그것은 학생들 개인의 장기기억 체계에 저장된 기억이 서로 다르기 때문입니다. 경험한 바가 다르다 보니 학생들은 서로 다른 이미지를 창조해냅니다.

따라서 같은 문장을 필사하더라도 사람마다 조금씩 다른 의미를 떠올립니다. 동일한 문장이라도 그것이 그려내는 세계는 필사하는 사람마다 다릅니다. 따라서 문장을 기억하고 이를 이미지로 전환하는 작업은 개인마다 다른 어휘와 이미지 형성 다발을 자극하고 생산함으로써 자연스럽게 뇌를 활성화하는 강도 높은 트레이닝입니다. 이렇게 문장을 읽고 이미지를 생산하는 필사의 과정은 개인의 상상력과 창의력을 끊임없이 자극합니다.

한줄기억 왼손 필사 3단계
문장을 외워서 암송한다

한줄기억 왼손 필사의 세 번째 단계는 필사할 문장을 주의 깊게 관찰하면서 외우고 암송하는 단계입니다. 이 단계에서는 '주의 깊은 관찰'이 무엇보다 중요합니다. 학습과 기억에 관한 연구자들에 따르면, 사람들이 무엇인가를 기억하지 못하는 이유는 기억할 대상을 세밀하게 관찰하지 않았기 때문입니다. 따라서 기억하려면 대상을 여러 각도에서 유심히 관찰하고 자신이 가진 지식과 관련된 연결 고리를 찾아야만 합니다.

기억하기 위해 특정한 대상에 깊은 관심을 쏟는 활동을 연구자들은 '적극적인 관찰'이라고 부릅니다. 적극적으로 사물을 관찰해야 필요한 정보를 기억할 수 있다는 말입니다. 문장 속에 있는 대화의 세부적인 내용을 기억하기 위해서는 '언제 어디서 무엇에 대해서 어떻게 이야기하고 있는지' 관심을 가지고 세심한 주의를 기울여야 합니다. 관심을 두지 않고 세부 사항들을 건성으로 보고, 집중하지 않는다면 우리는 특정 정보를 제대로 기억할 수 없습니다.

특히 뇌는 보고 싶은 것만 선별하는 경향이 있는 탓에 기억할 대상을 세밀하게 관찰하는 일은 더욱더 중요합니다. 따라서 기억하고자 원하는 것이 있다면 집중해서 보고 들으면서 자신의 오감을 총동원해 정보를 기억 속에 확실하게 저장해야 합니다.

문장을 세밀하게 관찰하면 작업 기억을 단련하는 데도 큰 도움이 됩니다. 작업 기억에 있는 정보는 10초에서 20초까지 유지됩니다. 그런데 필사를 할 때 한 문장의 어절 수가 10개를 넘어서면 외우고 옮겨 적을 때까지 걸리는 시간은 대부분 20초를 훨씬 초과합니다. 문장이 길어지면 길어질수록 점점 더 기억하지 못하거나 빠뜨리는 어절이 많아지는 이유가 여기에 있습니다.

문장을 세밀하게 관찰하면 더 많은 단어와 표현을 20초 이상 기억할 수 있습니다. 문장을 관찰할 때는 우선 문장 구조부터 꼼꼼히 살펴보아야 합니다. 먼저 주어와 서술어는 무엇인지, 문장의 호응관계를 살피는 일이 기본입니다. 그리고 형용사와 부사는 어느 위치에서 무엇을 수식하는지도 꼼꼼하게 기억합니다. 또한, 조사는 무엇을 썼는지도 눈여겨봅니다. 문장을 옮겨 적는 단계에서 보면 대체로 소홀하게 보았던 단어나 표현이 제대로 기억나지 않는 경우가 많습니다. 집중력을 발휘해서 문장의 전체 구조를 머릿속으로 그릴 수 있어야 합니다. 집중 강도를 높이면 높일수록 기억은 훨씬 더 오래 유지됩니다.

세밀한 관찰을 통해 문장 구조를 분석하고 나면 단어들을 의미 단위로 조직화해서 덩어리를 만들어야 합니다. 앞서도 언급했지만, 이것을 '조직화(chinking)'라고 합니다. 조직화는 3개에서 5개로 합니다. 성인의 작업 기억이 짧은 시간 기억할 수 있는 정보량이 3개에서 5개이기 때문입니다.

예를 들어, '이마를 들이받는 기세로 미륵산이 시야 가득히 달려왔다'는 문장을 외우려고 한다면, 다음 3단계로 기억하는 것이 좋습니다.

1단계 – 먼저 주어를 수식하는 '이마를 들이받는 기세로'를
한 덩어리로 묶고,
2단계 – 다음에는 주어인 '미륵산이'를 분리한 뒤,
3단계 – 주어의 행위를 서술하는 나머지 부분 '시야 가득히 달려왔다'
를 묶어 3개 의미 덩어리로 나눠서 기억합니다.

이렇게 되면 정보를 3개로 줄일 수 있어서 작업 기억의 부담을 줄이고 기억을 원활하게 할 수 있습니다. 긴 문장이라면 5개로 의미 덩어리를 조직화할 수도 있습니다.

여기에 앞서 설명했던 오감 이미지를 결합하면 기억 강도는 훨씬 더 높아집니다. 세밀하게 관찰한 뒤 의미 단위로 묶어 조직화하고, 이미지를 덧붙이면 문장을 훨씬 더 잘 기억할 수 있습니다.

문장을 외워서 필사하는 것이 처음에는 쉽지 않습니다. 하지만 작업 기억을 강화하기 위해서는 반드시 문장을 기억하려고 노력해야 합니다. 작업 기억은 '기억한 정보'를 가지고 어떤 행위를 수행하는 능력입니다. 핵심은 정보를 '기억'하는 일입니다. 정보를 기억하지 못하면 필요한 '행위'를 제대로 수행하지 못합니다. 예를 들어, 공부하러 학교에 가면서 가방을 놓고 간다거나, 시장에 갔다가 사기로 한 물건을 한두 개씩 빠뜨리고 오게

됩니다. 모두 다 작업 기억이 제대로 작동되지 않아서입니다. 문장을 기억하고 필사하는 작업을 반복적으로 하면 우리 뇌의 작업 기억을 빠른 시간 안에 강화함으로써 이런 문제가 발생하는 것을 크게 줄일 수 있습니다.

문장을 암기해서 필사하는 연습을 매일 하면 기억할 수 있는 문장의 길이가 점점 늘어납니다. 처음에는 짧은 한 문장을 겨우 암송해서 필사하겠지만, 하다 보면 복잡하고 긴 문장을 거의 다 외워서 필사하는 날이 오게 됩니다. 그렇게 되면 문장을 암기해서 필사하는 시간이 정말 즐거워집니다.

만약 문장을 암송해서 쓰는 분량이 전과 달리 눈에 띄게 늘어났다면 자신의 작업 기억이 그만큼 좋아진 것이라고 보면 틀림없습니다. 한줄기억 왼손 필사를 반복해 연습하면 기억할 수 있는 정보량이 우리가 상상하는 것 이상으로 크게 늘어납니다. 그저 한 문장을 눈으로 읽었을 때의 정보량과는 비교가 되지 않습니다. 그 결과, 말하고 글을 쓰고 학습하는 데 필요한 작업 기억을 크게 강화할 수 있습니다. 한줄기억 왼손 필사로 작업 기억이 강화되면 일상생활에서도 확실하게 달라진 변화를 체험하게 됩니다.

과거에는 작업 기억 용량이 한정되어 있다고 생각했지만, 최근의 연구자들은 연습하면 할수록 더 큰 작업 기억 용량을 가질 수 있다고 말합니다. 유연한 가소성(plasticity)을 가진 우리의 뇌가 뛰어난 적응력을 발휘해서 기억할 수 있는 정보량을 키우기 때문입니다.

저는 매일 시 한 편을 외웁니다. 한줄기억 왼손 필사로 한 번에 기억해서 쓰는 양이 처음에는 한두 행이었는데 얼마 지나지 않아 서너 행으로 늘었습니다. 길이에 따라 차이가 있지만, 처음에는 15행에서 18행으로 구성된 시 한 편을 외우는 데 한 시간 가까이 걸리던 것이, 한 달 정도 지나면서 20분 정도면 간단히 암송할 수 있게 되었습니다. 계속하다 보면 시 한 편을 암송하는 데 걸리는 시간이 더욱더 짧아지게 되리라 생각합니다.

필사 직전에 문장을 암송하다 보면 소리 내 읽으면서 리듬을 기억하고 오감을 활용해 이미지를 구성하는 작업이 얼마나 중요한지 실감하게 됩니다. 리듬과 이미지 구성, 그리고 정확한 문장 관찰이 완벽한 암송에 직접적인 영향을 주기 때문입니다. 문장의 리듬을 얼마나 기억하고 있는지, 이미지는 얼마나 생생하고 구체적인지, 그리고 암송 직전 문장을 얼마나 주의 깊게 관찰했는지가 암송과 필사의 정확도를 결정합니다.

한줄기억 왼손 필사 4단계

이미지와 문장을 동시에 떠올리며 필사한다

한줄기억 왼손 필사의 네 번째 단계는 기억한 이미지와 문장을 떠올리며 실제로 필사하는 단계입니다. 이 단계는 문장을 소리 내 읽고, 이미지를 그리며, 외우고 암송한 뒤 마지막으로 직접 필사하는 그야말로 한 문장 필사를 마감하는 결정적인 순간입니다. 앞선 각각의 단계를 제대로 했는지가 이 네 번째 단계에서 판가름 납니다.

오·탈자 없이 필사에 성공하기 위해서는 필사 직전 리허설이나 마찬가지인 문장 암송을 완벽하게 끝내야 합니다. 빠르게 암송해보면서 생각나지 않거나 틀린 어휘나 표현이 있는지 확인하는 작업이 반드시 필요합니다. 만약 제대로 떠오르지 않는 어휘나 표현이 있다면 그 부분을 다시 집중적으로 암송해야 합니다. 필사 직전 최종적으로 빠르게 암송하는 것은 정확한 필사의 완성도를 높일 수 있는 아주 좋은 방법입니다. 대체로 암송에 성공한 문장은 필사할 때 거의 틀리지 않고 완벽하게 옮겨 적을 수 있습니다. 필사할 때는 최대한 문장을 틀리지 않고 제대로 기억해서 필사하려는 노력이 필요합니다. 완벽하게 기억해 필사하는 문장을 늘려가는 것이 작업 기억을 단련하는 핵심입니다.

어떤 글이든 길이가 짧은 문장과 긴 문장이 섞여 있게 마련입니다. 짧은 문장은 소리 내 읽는 것만으로도 틀리지 않고 필사할 수 있습니다. 소리 내 읽으면서 그 리듬을 기억하는 것만으로도 필사가 가능해집니다. 대체로 한 문장이 열 개 어절 이내일 때 소리 내 읽는 것만으로도 기억하고 필사할 수 있습니다.

긴 문장을 필사하는 건 쉽지 않습니다. 하지만 지나치게 두려워해서도 안 됩니다. 긴 문장이 나왔을 때는 그 한 문장 한 문장에 도전해서 반드시 성공하겠다는 마음가짐이 필요합니다. 어떻게 하면 그 문장을 더 쉽게 기억할 수 있을지를 연구해야 합니다. 이미지를 선명하게 떠올리는 방법이 나을 때도 있고, 아주 자극적이고 재미있는 이미지를 만들어야 문장이 기억날 때도 있습니다. 그렇게 노력하다 보면 긴 문장이 정말 쉽고 빠르게 기억되는 순간이 찾아옵니다.

우리 뇌는 새로운 도전을 즐깁니다. 조금 부담되고 어려운 문장에 도전하는 노력이 우리 뇌의 전두엽과 작업 기억을 강화하는 데 좋습니다. 새로운 단어, 새로운 문장, 좀 더 어렵고 긴 문장이 나왔을 때 마음을 강하게 다지면서 도전하길 바랍니다.

필사할 때 사람들이 가장 많이 틀리는 부분은 대체로 사소하다고 생각해서 소홀히 생각하고 지나쳤던 단어나 표현들입니다. 특히 우리말에서는 조사나 어미 변화가 가장 많이 틀리는 부분입니다. 우리말은 조사가 많고 어미 활용이 발달한 탓에 일일이 구분해서 기억하는 게 쉽지 않습니다. 주격 조사나 목적격 조사 혹은 보조사, 여기에 다양한 어미 변화와 같은 세밀한 문법은 정확하게 기억하기 어려울 뿐만 아니라 시각 이미지로 바꾸기도 힘듭니다.

조사와 어미 활용을 정확히 기억하기 위해서는 좀 더 집중해서 관찰하는 게 필요합니다. 주의 깊은 관찰을 통해 문장에서 어떤 조사나 어미가 사용됐는지 기억해야 합니다. 또 소리 내 읽는 과정에서 청각 기억을 동원하는 것도 한 가지 요령이 될 수 있습니다. 물론 필사를 계속해서 하다 보면 외우기 어려운 조사나 어미까지도 훨씬 더 수월하게 기억할 수 있게 됩니다. '오래 하면 할수록, 많이 하면 할수록' 기억력은 점점 더 정교해지고 좋아지기 때문입니다. 포기하지 않고 끝까지 가면 월등히 좋아진 기억력과 작업 기억의 혜택을 마음껏 누릴 수 있습니다.

암송한 문장을 옮겨 적어야 하는 이 네 번째 단계에서 만약 떠오르지 않는 단어나 표현이 있다면 최선을 다해서 기억해내려고 노력해야 합니다. 그런데도 떠오르지 않는다면 문장의 맥락에 적합한 어휘를 스스로 생각해내야 합니다. 맥락에 맞는 단어와 표현을 떠올려서 생각나지 않는 대목을 메꾸도록 합니다.

앞서 살펴본 것처럼 꾸준히 필사하면 우리의 뇌에 어휘를 특정한 순서로 말하고 쓰는 '언어 시퀀스'가 광범위하게 구축됩니다. 떠오르지 않는 단어나 글귀가 있을 때 우리는 뇌에 저장한 이 '언어 시퀀스'를 작동시켜 적합한 단어와 표현을 떠올려야 합니다. 곰곰이 생각해서 떠오른 표현이 현재 필사하고 있는 문장의 맥락에 맞는지를 고려하면서 쓰지 못한 대목을 메꿔야 합니다. 생각나지 않는 대목이 있다고 해서 곧바로 원문으로 눈을 돌리지 말고 어떤 어휘와 표현이 가능한지 상상하고 추론해보는 습관을 들이는 게 좋습니다.

떠오르지 않는 구절을 자신이 직접 쓸 수도 있다는 걸 핑계 삼아 정확히 기억하려는 노력을 게을리해서도 절대로 안 됩니다. 그것은 필사를 통해 글쓰기를 배우려는 본래의 취지에 어긋나고, 작업 기억을 강화하는 데도 전혀 도움이 되질 않습니다.

훌륭한 필사에는 문장을 기억하려는 노력, 새로운 정보를 기억하려는 의지와 함께 톡톡 튀는 상상력이 돋보이는 이미지의 구성이 반드시 필요합니다. 그래야만 작가의 좋은 글을 자신의 것으로 만들면서 동시에 작업 기억을 강화하는 연습 효과를 거둘 수 있습니다.

한줄기억 왼손 필사 5단계
원문과 대조하고 틀린 부분을 고친다

한줄기억 왼손 필사의 마지막 단계에서는 필사한 문장을 원문과 대조하고 틀린 부분을 고칩니다. 잘못 쓰거나 빠진 단어와 표현을 교정해서 바로잡아야 합니다. 필사는 무엇보다 문장력을 기르기 위해서 한다는 점을 고려하면 오·탈자와 잘못 쓴 표현을 교정하는 다섯 번째 단계도 결코 소홀히 할 수 없는 중요한 과정입니다.

작가들의 좋은 문장을 익히는 것은 필사하는 중요한 이유 가운데 하나입니다. 훌륭한 문장은 갑자기 떠오른 영감만으로 완성되지 않습니다. 어떤 작가도 한 차례의 글쓰기로 좋은 작품이 완성하지는 못합니다. 일필휘지로 써 내려간 명문이 존재한다는 생각은 글쓰기와 작가에 관한 오해일 뿐입니다.

우리가 필사하고자 하는 훌륭한 문장들은 그야말로 수없이 반복된 퇴고의 결과입니다. 위대한 작가들의 명문은 여러 차례 혹은 수십·수백 차례의 퇴고를 거쳐서 완성됩니다. 위대한 작품에서 만나게 되는 한 문장 한 한줄기억 왼손 필사의 마지막 단계에서는 필사한 문장을 원문과 대조하고 틀린 부분을 고친다.

문장은 작가가 오랜 시간에 걸쳐 각고의 노력 끝에 내놓은 인고의 결실이라고 보면 틀림없습니다.

좋은 작가들의 작품을 필사하는 이유가 바로 여기에 있습니다. 한 문장한 문장 필사할 때마다 원문과 비교하고 잘못 옮겨 적은 부분을 고쳐야 합니다. 그리고 왜 틀렸는지도 생각해보아야 합니다. 구절이 떠오르지 않아 내가 써놓은 표현과 본래 작품의 그것이 어떻게 다른지 주의 깊게 관찰해야 합니다. 그 차이가 무엇인지를 따지는 과정에서 우리는 자연스럽게 훌륭한 작가들의 공들인 명문을 익힐 수 있습니다.

글을 쓴 작가의 본래 표현과 기억이 나지 않아 자신이 지어낸 어휘를 비교하고 교정하다 보면 우리는 자신이 어느 정도 수준의 표현을 사용하고 있는지 알게 됩니다. 또 그것이 작가의 언어 세계와 어떻게 다른지 견줘볼 수도 있습니다. 이때야말로 필사로 글쓰기를 배우는 결정적인 순간입니다. 필사하는 사람이 가진 언어와 기존 작가의 그것을 비교할 수 있는 귀중한 시간이 이처럼 필사의 마지막 단계에서 주어집니다.

시각 이미지를 떠올리고, 그것에 문장을 결합해서 글로 옮기는 마지막 단계에서는 자신이 지금 이 글을 쓰고 있는 작가라고 상상하며 적극적으로 필사하는 자세가 필요합니다. 이러한 상상은 훗날 자신의 글을 창작하는 데에도 도움을 줍니다. 긴 문장이 나올 때마다 적절한 표현을 떠올려서 쓰는 연습을 계속해서 하다 보면, 좋은 문장을 쓸 수 있는 힘이 조금씩 자라게 됩니다.

작업 기억과 리터러시를 강화하려면 위에서 정한 한줄기억 왼손 필사의 다섯 단계의 과정을 철저히 지켜야 합니다. 아무리 마음이 급하고 시간이 부족해도 각각의 단계를 생략해서는 안 됩니다. 자꾸 생략하고 줄이다 보면 필사하는 의미가 약해짐은 물론 기대했던 효과도 경험하기 어렵습니다.

소설 문장으로 연습하는
한줄기억 왼손 필사

이제부터 소설 문장을 예로 들어 한줄기억 왼손 필사를 하는 실제 과정을 살펴보기로 하겠습니다. 앞서 보았던 윤흥길의 소설 《에미》의 세 문장입니다. 길이가 다른 세 문장 모두 특정한 상황을 묘사하는 문장입니다. [예문1]은 어절이 7개입니다. [예문2]는 16개, [예문3]은 30개 어절로 이뤄져 있습니다.

[예문1] 이마를 들이받는 기세로 미륵산이 시야 가득히 달려왔다.
[예문2] 홍자색의 꽃이삭을 매단 채 무리를 이룬 개여뀌들이 쨍쨍 내리쬐는 한여름이 땡볕 속에서 바람에 가볍게 흔들거리고 있었다.
[예문3] 산은 그 볼품없고 어리숙하고 그리고 또 무척이나 게을러 보이는 철회색의 육중한 몸뚱어리를 궁싯궁싯 놀려 시야를 가득 흐려 놓는 자우룩한 먼지의 훼방을 뚫고 알게 모르게

한 걸음 두 걸음 다가오는 중이었다.

어절이 7개인 짧은 문장부터 시작하기로 하겠습니다. 어절이 짧은 문장은 쉽게 기억하고 시각 이미지도 빨리 구성할 수 있습니다. 앞서 설명한 대로 소리 내 읽고 리듬만 기억해도 정확하게 필사할 수 있습니다. 필사한 글 뒤에 기록한 시간은 문장을 암송하기 시작해서 필사를 끝냈을 때까지 걸린 시간입니다.

[예문1] 이마를 들이받는 기세로/ 미륵산이/ 시야 가득히 달려왔다.
[필사한 글] 이마를 들이받는 기세로 미륵산이 시야 가득히 달려왔다.
　　　　(25초)

[예문1]을 읽고 만년필을 사용해 오른손으로 쓰는 데 25초 걸렸습니다. 7개 어절로 된 비교적 짧은 문장이어서 문장을 기억하는 데 큰 어려움은 없었습니다. 외우고 쓰는 데까지 25초 걸렸으니 실제로 옮겨 적은 시간은 20초 미만입니다. 작업 기억의 정보 유지 시간을 초과하지 않았습니다. 그래서 오·탈자도 나오지 않았습니다.

이 문장을 기억하려고 3개의 의미 단위로 묶었습니다. [예문1]의 이미지를 만드는 일은 그리 어렵지 않았습니다. 먼저 당당한 산이 마치 자신에게 불쑥 다가오는 시각 이미지를 그렸습니다. '이마를 들이받는 기세'라고 했으니 풍성하게 나무가 우거진 아담한 산은 아닙니다. 큰 바위가 드러나 보이는 크지 않으나 오르기에는 힘든 산을 상상했습니다. 그리고 그 산이 다가을 때 느껴지는 놀라움을 감정 이입해 느껴보았습니다.

언어와 이미지를 결합해서 필사하는 단계에서 틀릴 수 있는 부분은 비교적 사소한 부분입니다. 간혹 '시야'와 같은 어휘가 구체적인 이미지로 떠오르지 않기 때문에 잊어버리는 수가 있습니다. 또한 '가득히'를 '가득'으로 잘못 기억하고 쓸 수도 있습니다. 하지만 문장이 짧은 탓에 오·탈자가 나오지는 않았습니다.

20개 어절 미만의 중간 길이 문장을 필사해보기로 하겠습니다. [예문2]는 16개 어절로 만들어진 문장입니다. 파란색 부분은 제대로 기억하지 못해 틀린 대목입니다.

[예문2] 홍자색의 꽃이삭을 매단 채/ 무리를 이룬 개여뀌들이/ 쨍쨍 내리쬐는 한여름 땡볕 속에서/ 바람에 가볍게 흔들거리고 있었다.

[필사한 글] 홍자색의 꽃이삭을 매단 채 무리를 이룬 개여뀌들이 쨍쨍 내리쬐는 한여름의 땡볕 속에서 바람에 가볍게 흔들거리고 있었다. (1분 28초)

이 문장에서는 한여름 땡볕 속에서 홍자색 개여뀌 군락이 바람에 흔들리는 모습을 상상할 수 있습니다. 뜨거운 햇볕 속에서 터벅터벅 걸으며 바람에 가볍게 흔들리는 홍자색 개여뀌들을 보는 신선하고 한가로운 느낌을 감정 이입해 마음껏 느껴봤습니다.

문장을 4개의 의미 단위로 나눠서 암송했습니다. 그런데 비교적 긴 문장인 탓에 틀린 구절이 나오기 시작합니다. 한줄기억 왼손 필사로 [예문2]를 읽고 외우고 쓰는 데까지 걸린 시간은 1분 28초였습니다. 기억한 문장을 옮겨 적는 데만 40~50초가 걸립니다. 작업 기억이 정보를 단기적으로 유지하는 시간인 20초를 훨씬 넘겼습니다. 그러니 틀린 표현이 나올 수밖에 없습니다. 문장에서 '무리를 이룬'이라는 글귀를 옮겨 적으면서 '한 무리의'라고 잘못 썼습니다. 또 '땡볕 속에서'를 '볕 속에서'로 잘못 썼고 '바람에 가볍게'는 기억하지 못해서 아예 옮기지 못했습니다. 그 짧은 순간에 완전히 기억에서 사라졌습니다. 또한 '흔들거리고'를 '흔들리고'로 바꾸어 썼습니다. 이처럼 문장이 길어지면서 틀린 어절이 무려 7개나 나왔습니다.

중간 길이의 문장을 외우려면 이미지를 좀 더 구체적으로 만들고, 필사 직전 외우고 암송하는 단계를 철저히 해야 합니다. 특히 리허설 하듯이 빠르게 암송을 하면서 틀리거나 빠뜨리는 대목이 어디인지를 확인하는 게 중요합니다.

마지막으로 어절이 20개 이상으로 이뤄진 장문인 [예문3]을 써보겠습니다. 이 문장은 30개 어절로 이뤄져 있습니다. 문장이 길어지면 기억하지 못하거나 틀리는 글자가 더 많이 나올 수밖에 없습니다. 파란색 괄호 안의 글자는 대부분 기억하지 못해서 쓰지 못한 구절입니다.

[예문3] 산은 그 볼품없고 어리숙하고/ 그리고 또 무척이나 게을러 보이는/ 철회색의 육중한 몸뚱어리를 궁싯궁싯 놀려/ 시야를

가득 흐려놓는 자우룩한 먼지의 훼방을 뚫고/ 알게 모르게
한 걸음 두 걸음 다가오는 중이었다.

[필사한 글] 산은 그 볼품없고 어리숙하고 그리고 (또) 무척이나
게을러 보이는 철회색의 육중한 '몸'을 '이끌고 뿌연
먼지 속을 헤치며' 한 걸음 한 걸음 '내 앞으로'
'다가오고 있었다.' (2분 54초)

이 문장에서는 철회색의 그다지 화려하지 않은 산이 육중하게 다가오는
묵직함이 강하게 느껴졌습니다. [예문3]은 5개 의미 단위로 묶어서 암송
했습니다. 하지만 한 문장이 워낙 길다 보니 쉽지 않았습니다. 읽고, 관찰
하고, 의미 단위로 묶고 기억하고, 또 오감 이미지로 만드는 데 시간이 많
이 걸렸습니다. [예문3]을 필사하는 데 2분 54초가 걸렸습니다. 무척 긴
시간입니다. 30개 어절로 이루어진 이 문장을 그대로 보고 쓴다고 하더라
도 1분 가까이 소요됩니다. 그래서 틀리거나 아예 빠뜨린 글자가 크게 늘
었습니다. 15개 어절을 잘못 쓰거나 아예 떠올리지 못했습니다. 또 문장
말미가 잘 생각나지 않아서 '내 앞으로'라는 표현을 만들어서 쓰기도 했습
니다. 이처럼 긴 문장을 필사하기는 정말 쉽지 않은 일입니다.

이렇게 어절이 스무 개를 넘어가면 틀리지 않고 기억하는 일이란 쉽지
않습니다. 작업 기억의 유지 시간과 용량의 한계 때문에 세밀하게 관찰하
고 의미 단위로 묶고 오감 이미지를 덧붙여도 떠오르지 않는 글자가 있게
마련입니다. 하지만 틀린 글자가 많다는 것 때문에 지나치게 스트레스받

을 필요는 없습니다. 필사를 하면 할수록 실수는 줄어들게 마련입니다. 또한, 그날그날 컨디션에 따라서 틀리거나 빼먹는 어휘와 표현은 늘기도 하고 줄기도 합니다. 가장 중요한 것은 하루도 쉬지 않고 꾸준히 필사하는 일입니다.

한줄기억 왼손 필사는 문장력을 기르는 것과 동시에 궁극적으로 우리 뇌의 작업 기억을 강화하기 위해 설계됐습니다. 작업 기억은 우리가 기억한 정보를 가지고 어떤 행동을 하는 능력을 말합니다. 작업 기억을 훈련하기 위해서 한줄기억 왼손 필사의 첫 번째 단계에서부터 세 번째 단계까지는 우리가 가진 지식을 모두 동원해 문장을 기억하도록 노력해야 합니다. 그리고 네 번째 단계에서 암송하고 틀리지 않고 완벽하게 쓸 수 있겠다고 생각될 때 필사를 해야 합니다.

기억한 문장을 머릿속에 떠올리며 필사하는 과정은 바로 우리 뇌의 작업 기억을 강화하는 아주 효과적인 방법입니다. 한줄기억 왼손 필사에서 틀린 어휘와 표현을 원문과 대조해서 고치는 단계 역시 기억한 문장을 다시 한번 되새김으로써 기억력을 더욱 강화하는 효과를 얻도록 고안됐습니다. 한줄기억 왼손 필사는 기억력 훈련과 필사를 결합해 반복적으로 수행하게 함으로써 작업 기억을 놀라운 수준까지 강화할 수 있습니다.

4부

한달이면
꿈틀꿈틀 변화가
일어난다

한줄기억 왼손 필사는 오른손 필사만 할 때보다 효과가 훨씬 빠르고 강합니다. 앞서 말씀드린 것처럼 기억력과 집중력, 학습 능력과 문장력을 강화하는 데서부터 우선 차이가 큽니다. 왼손 필사로 거울 뉴런이 활성화되고 작업 기억이 강화되어 나타나는 여러 가지 긍정적인 변화들은 한 달 안에 나타납니다. 열정을 가지고 더 많은 시간을 들여 왼손 필사를 한다면 그 효과는 더욱더 빠르게 나타납니다.

한 달 안에 효과를 체험할 수 있다

왼손 필사로 어떤 효과를 얼마만큼 얻느냐는 사람마다 다릅니다. 왼손 필사를 하는 사람이 어떤 목표를 가졌는지, 어느 정도 수준의 몰입 강도로 노력을 하는지, 얼마나 많은 시간을 투자하는지에 따라서 결과가 모두 달라지기 때문입니다.

하지만 분명하게 말씀드릴 수 있는 것은 하루 한 시간에서 두 시간 정도 강도 높게 왼손 필사를 한다면 '한 달' 안에 긍정적인 효과가 분명히 나타난다는 사실입니다. 물론 시간과 노력을 더 많이 투자하면 할수록 효과는 빠르고 강하게 나타납니다. 왼손 필사의 효과는 언제나 우리의 상상을 초월합니다. 우리 뇌의 좌반구와 우반구가 공조해서 내는 효과가 그만큼 강력하다는 점을 방증하는 것이라고 이해해도 좋겠습니다.

왼손 필사의 강력한 효과를 가장 간단하게 시험해볼 수 있는 암기력 테스트입니다. 평소에 잘 외워지지 않았던 시나 영어문장, 혹은 수학 공식을 왼손으로 필사면서 암기해보길 바랍니다. 그러면 입으로 소리 내 외우거나, 오른손으로 쓰면서 암기할 때보다 훨씬 더 빠르게 암송할 수 있고 외운 내용이 훨씬 더 오래 간다는 사실을 확인할 수 있습니다. 그만큼 왼손 필사가 뇌를 강도 높게 자극하는 것으로 생각합니다. 물론 거울 뉴런과 작업 기억을 활성화하는 왼손 필사의 힘은 암기력을 높이는 것으로만 끝나지 않습니다. 열정을 가지고 왼손 필사를 꾸준히 하면 그보다 훨씬 더 놀라운 효과들이 체험할 수 있습니다.

특정한 행동이 습관이 되는 데는 보통 20~30일이 걸린다고 합니다. 이 정도 기간은 뇌가 특정한 일에 맞는 새로운 신경 세포를 생성하는 주기입니다. 한 뉴런에서 다른 세포로 신호를 전달하는 시냅스가 형성되는 기간이 20~30일 정도 소요된다는 말입니다. 일단 시냅스가 만들어지면 그 행동은 습관화될 수 있습니다.

왼손 필사를 한 사례를 보면 왼손 필사로 의미 있는 변화가 나타난 시점은 대체로 '한 달 이내'였음을 알 수 있습니다. 한 달이라는 기간은 시냅스가 형성되어 습관이 되는 20~30일 정도 시간과 대체로 일치합니다.

이 시기에 저는 암기력과 집중력이 확연히 좋아지는 경험을 했습니다. 영어 회화 수업에서 강사의 설명이 잘 이해되고 수업 집중도가 의미 있게 좋아지는 변화를 느꼈습니다. 학생 K는 한 달 정도 왼손 필사를 열심히 한 뒤부터 역시 암기력이 좋아져 영어문장을 매일 암송할 수 있었습니다. 물론 K 강사처럼 매일 12시간이 넘게 왼손 필사와 왼손 사용을 집중적으로 연습해서 2주 발표가 채 되지 않은 기간에 발표 불안이 사라지는 효과를 볼 수도 있습니다. 대학생 A는 왼손 필사를 한 첫날부터 불안감이 조금씩 사라지고 마음의 안정을 찾기 시작했다고 했습니다.

한 달 안에 이러한 변화가 시작됩니다. 자신이 원하는 의미 있는 변화가 한 달 안에 나타난다면 왼손 필사는 누구라도 한번 시도해 볼 만한 일입니다. 한 달 사이에 체감할 수 있는 변화를 계기로 더욱더 왼손 필사에 정진한다면 자신의 목표를 반드시 이룰 수 있으리라 생각합니다.

변화의 신호가 이처럼 빠르게 나타나고, 누구나 감지할 수 있을 정도로 변화의 강도가 세다는 점이 왼손 필사의 강점입니다. 사실 문장력을 기르려고 해도, 공부를 잘하고 싶어도, 또는 발표를 잘하고 싶어도 연습의 과정에서 자신이 어느 정도 수준에 올랐는지 모르기 때문에 흥미를 잃고 중도에 포기하는 경우가 많습니다. 하지만 왼손 필사는 기억력과 집중력, 작업 기억의 개선 징후를 분명하게 보여주기 때문에 자신이 노력한 만큼 변화가 생긴다는 것을 확실하게 감지할 수 있고 그만큼 더 확신을 가지고 앞으로 나갈 수 있습니다.

일단 왼손 필사를 시작하면 중단하지 않고 꾸준히 하는 게 무엇보다 중요합니다. 저는 왼손 필사를 하루도 거른 날이 없어서 중단하면 어떤 일이 일어나는지 알지 못합니다. 하지만 K 학생의 사례처럼 왼손 필사를 게을리하거나 도중에 포기하면 새로 형성된 시냅스가 약해져 사라지게 마련입니다. 최적의 효율성을 가지고 작동하는 우리 뇌는 자주 사용하지 않거나 사용이 중단된 시냅스를 유지하기 위해서 굳이 에너지를 쓰지 않기 때문입니다.

한 달에서 두 달 정도 하던 사람이 왼손 필사를 갑자기 중단하면 일주일에서 열흘 정도 지나 그동안 필사를 한 효과가 조금씩 약해지기 시작합니다. 왼손 필사의 효과를 유지하려면 조금씩이라도 계속해서 하는 것이 정말 중요합니다. 물론 계속해서 할수록 더욱더 시냅스의 연결이 강해지고 그 결과 하고자 하는 일을 점점 더 수월하게 할 수 있습니다. 그러니 꾸준히 계속하는 것만이 왼손 필사의 효과를 유지하고 더욱더 강하게 만드는 비결입니다.

왼손 필사가 주는 풍성한 선물들

한줄기억 왼손 필사를 꾸준히 한다면 누구라도 그 효과를 직접 체험할 수 있었습니다. 많은 분량을 할 필요는 없습니다. 하루에 노트 한쪽이면 충분합니다. 노트 한쪽을 꾸준히 왼손 필사하면 기억력과 집중력이 좋아지고, 글을 쓰고 책을 읽는 데 자신감을 가지게 되며, 대화와 발표에서 긴장과 불안을 극복하고 정서적 안정감을 회복할 수 있습니다. 매일 노트 한쪽, 이 분량만 제대로 해도 한줄기억 왼손 필사의 효과를 직접 체험하고 가늠할 수 있습니다. 어떤 효과가 나타날지 열의를 가지고 성실하게 한다면 누구라도 왼손 필사의 긍정적인 효과를 실감할 수 있었습니다.

왼손 필사를 한 사람들은 필사를 한 뒤로 '기억력과 집중력이 좋아져 공부에 도움이 되었다'고 했고, '대화할 때 조리 있게 말하게 되었으며, 발표에도 자신감을 가지게 되었다'고 했습니다. 그리고 필사로 '독서력이 좋아진다는 사실을 알았으며, 당연히 글쓰기에도 자신감이 생겼다'고 말했습니다. '정서적으로 안정되고 계획적인 생활 태도를 갖게 되었다'는 사람들

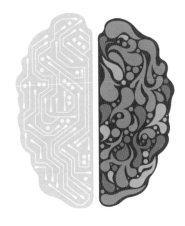

거울 뉴런과 작업 기억을 활성화
하는 왼손 필사의 힘은 암기력을
높이는 것으로만 그치지 않는다.

도 있었습니다. 왼손 필사를 체험한 사람들은 대체로 왼손으로 쓰는 게 힘들었지만, 오른손으로 쓸 때보다 훨씬 더 집중이 잘 되고 문장을 기억하는 데 도움이 되었다는 체험담을 얘기했습니다.

왼손 필사 체험자에는 대학생 10명이 포함돼 있습니다. 학생들은 매일 노트 한쪽씩 3개월 동안 필사를 하면서 절반은 왼손 필사를 하고, 나머지 절반은 오른손 필사를 했습니다. 학생들이 얻은 효과는 다음 쪽부터 소개했습니다.

왼손 필사의 선물 1
기억력과 집중력이 높아져 성적이 오른다

왼손 필사는 기억력과 집중력을 강화해 학습에 도움을 줍니다. 한줄기억 왼손 필사는 소리 내어 읽고, 세밀하게 관찰하여 시각 이미지를 만들고 문장을 기억하여 필사하게 돼 있습니다. 이렇게 하면 소리 내어 읽는 과정과 세밀한 관찰의 과정, 그리고 시각 이미지로 전환하는 세 과정에서 기억력을 단련하게 됩니다. 또한, 문장을 기억하려고 노력하는 동안 자연스레 집중력이 좋아집니다.

체험자 가운데 학생들은 '기억력이 좋아져서 문장을 틀리는 횟수가 눈에 띄게 줄었다'고 했습니다. 또 '공부하는 시간이 즐겁고, 더 많은 것을 이해하고 배우고 싶어졌다'고 덧붙였습니다. 필사를 하고 나면 집중력이 강화된다는 사실을 체험하면서부터 공부를 시작하기 전에 필사를 먼저 하기도 했습니다. 처음에는 일과가 끝난 저녁에 필사를 하던 학생들은 횟수가 늘면서부터 집에서 아침에 필사를 하거나, 학교에서 오전에 필사 과제를 미리 끝내곤 했습니다.

특히 한 학생은 자신이 오랜 시간 공부에 집중하지 못하는 성격이라고 단정하고 있었다고 합니다. 그런데 예전과 달리 3시간 또는 4시간 이상 집중해서 공부할 수 있게 되어 필사의 효과를 실감했다고 합니다. 필사를 하고 난 뒤 공부를 시작하면 앉아서 집중할 수 있는 시간이 훨씬 길어졌고, 쉬는 시간을 갖지 않은 채 4시간 이상을 넘게 공부한 적도 있다고 했습니다.

"필사가 공부하는 데 많은 도움이 되었다고 생각한다. 차분하게 오랜 시간 책상에 앉아 있을 수 있었다. 나는 공부를 하는 순간에도 뭔가 불안하고, 오랜 시간 집중하지 못하는 것이 내 성격 탓이라고 생각했다. 그래서 짧은 시간 집중해서 공부하고 자주 쉬는 시간을 가지며 머리를 환기시켜 다시 집중할 수 있는 상태를 만들어 공부해왔다. 그런데 집중해서 공부하다가 1시간쯤 지났다고 생각이 들어 시계를 보았더니 3시간이 지난 후였다. 집중 시간이 길어지니 한꺼번에 더 많은 양을 공부할 수 있었다." - A, 대학생

필사가 자신의 학습에 직접적인 영향을 주었다는 학생들이 많았습니다. 학생들은 수업 시간에 더욱더 잘 집중할 수 있었고, 전과는 달리 공부한 것이 기억에 더 오래 남는다고 했습니다. 기억력에 자신이 없었다는 한 학생은 필사를 한 뒤로 시각 이미지를 활용해 기억하려고 노력한 탓에 읽었던 것을 전보다 훨씬 더 잘 떠올릴 수 있었다고 했습니다. 책 한 권을 모두 필사했던 열성파 학생들도 있었는데, 전체 내용을 다른 어떤 때보다 선

명하게 기억할 수 있었다며 기뻐했습니다. 학생들은 이처럼 필사를 한 이후 깨닫게 된 가장 확실한 변화로 전보다 훨씬 좋아진 기억력과 집중력을 꼽았습니다.

기억력과 집중력이 좋아진다는 점은 한줄기억 왼손 필사의 가장 눈에 띄는 강점입니다. 50대 여성 M 씨도 시 한 편을 왼손 필사를 해서 암송한 뒤 강력한 효과에 깜짝 놀랐다고 말했습니다. 이 분은 장석주 시인의 〈대추 한 알〉이라는 시를 왼손 필사로 쓰면서 동시에 암송할 수 있었다고 말했습니다. 평소에 좋아하던 시였지만 잘 외우지는 못했는데 왼손 필사로 그렇게 빨리 암송할 수 있을지 몰랐다며 기뻐했습니다.

저는 물론이고 수험생 K가 경험한 사례를 봐도 한줄기억 왼손 필사는 기억력과 집중력을 놀랍도록 빠르게 강화합니다. 그리고 그 힘은 하면 할수록 점점 더 강해진다는 것을 알 수 있습니다.

왼손 필사의 선물 2
독서력이 좋아지고 글쓰기에 자신감이 생겼다

왼손 필사는 쓰기로 읽기와 말하기를 높은 수준으로 끌어올릴 수 있습니다. 저 역시 왼손 필사를 하면서 책을 읽는 속도가 빨라지고 이해력이 높아지는 경험을 했습니다. 따로 속독법을 연습하지 않아도 왼손 필사를 하면 문장 구조에 익숙해지고 어휘력이 늘면서 자연스럽게 문리가 트이기 때문입니다. 이미 소개해 드린 것처럼 손글씨를 쓰면 기억력뿐만 아니라 이해력이 좋아진다는 연구들이 많습니다.

대학생들도 왼손 필사를 한 후에 독서력이 좋아지고 글쓰기가 훨씬 수월해졌다는 점을 자주 언급했습니다. 왼손 필사로 시각화 연습을 자주 하게 되어, 책을 읽을 때도 시각 이미지를 자주 떠올리게 되었고 그러면서 글의 의미가 훨씬 더 잘 이해되었다고 했습니다. 책을 읽고 에세이를 쓸 때 읽고 쓰기에 자신감이 생겨서 부담이 없었다고 한 학생도 있었습니다.

"글을 읽을 때 예전보다 내용을 깊게 이해할 수 있었다." – B. 대학생 왼손 필사는 손으로 옮겨 적으면서 천천히 책을 읽어 문장 하나하나의 의미를 되새기는 손으로 읽는 독서법에 비견될 수 있습니다. 왼손 필사를 하면 문장 하나하나를 깊이 생각하는 습관이 들고, 책을 읽을 때도 문장의 의미를 이미지로 그리게 됩니다. 그렇게 책을 읽다 보면 저절로 속도도 빨라지고 이해도 깊어집니다.

필사를 꾸준히 한 학생들은 대체로 글쓰기 과제를 거부감 없이 수행했습니다. 자료 조사를 위해 책을 읽을 때도 큰 부담을 느끼지 않았으며 내용 이해도 잘된다는 학생들이 많았습니다. 리포트를 제출하거나 발표 자료를 만들고 자기소개서를 쓰는 데 유익했다고 했습니다. 4학년인 한 학생은 취업 준비를 하는 바쁜 와중이지만 필사를 한 덕분에 취업 준비를 위한 자기소개서를 잘 쓰게 되었다고 적었습니다.

필사를 진행하면서 이처럼 좋은 글의 구성을 익히게 되었고, 어휘와 표현이 풍부해지는 것을 느꼈다는 학생들이 많았습니다. 한 학생은 문체에서도 좀 더 간결하고 의미 전달이 잘 되는 문장을 구사하게 되었다고 했습니다. 매일 꾸준히 필사한 학생들은 이처럼 글쓰기에서도 전과는 다른 진전이 있었다고 전했습니다.

왼손 필사는 거울 뉴런을 활성화하고 작업 기억을 강화함으로써 문장력을 기를 수 있도록 합니다. 좋은 문장을 필사하면서 언어 시퀀스를 축적하고, 추론하고 은유하는 능력을 단련하여 자연스럽게 글쓰기에 강해집니다. 저 또한 왼손 필사를 하면서 글쓰기에 자신감을 갖게 되었습니다. 기자 생활을 20년 가까이 했지만, 사실 글쓰기란 쉽지 않은 일이었습니다. 하지만 필사를 6년 넘게 하고 해오는 동안 글을 쓰는 데 큰 부담을 느끼지 않게 되었습니다. 물론 좋은 글을 완성하는 게 여전히 쉬운 일은 아닙니다. 하지만 두려움만 앞세우고 걱정부터 한다면 글쓰기는 시작조차 하지 못합니다. 저는 퇴고의 힘을 믿습니다. 일단 써놓고 자주 고치다 보면 좋은 글이 될 것으로 생각합니다. 그래서 우선 쓰기부터 하고 고치기를 자주 합니다.

조리 있게 말하고 발표에 자신감을 갖는다

필사를 시작하면서 나타나는 변화 가운데 가장 빨리 나타나는 효과가 대화를 나눌 때 말을 잘하게 된 자신을 발견하게 된다는 점입니다. 저 역시 왼손 필사를 하면서 사람들과 대화에 부담을 느끼지 않았고, 대학에서 수업할 때도 별다른 어려움이 없었습니다.

앞서 소개했던 대학 강사 L 씨는 왼손 필사가 사람들의 말하기 능력을 어느 정도까지 발전시킬 수 있었는지 보여주는 놀라운 사례였습니다. 왼손 필사와 집중적인 왼손 사용으로 불과 2주 사이에 발표 불안이라는 20년이나 된 고민거리를 단박에 해결해버렸기 때문입니다. L 씨는 이제 강의 중에 긴장하거나 당황하는 일이 거의 없다고 합니다. 학생들에게 수업 내용을 전하는 데 아무런 부담을 느끼지 않는다고 합니다. 물론 예전처럼 강의 대본을 쓰는 일도 없습니다. 전보다 훨씬 더 강의에 집중할 수 있게 되면서 수업 내용이 알차다는 평가도 받고 있습니다.

고등학생 K도 왼손 필사를 처음 시작할 때는 그리 말을 잘하는 편은 못

되었습니다. 하지만 한두 달이 지나면서 자기의 생각을 차근차근 말하는 게 눈에 띄었습니다. 이런저런 대화를 나누면서 조리 있게 자신의 의견을 말하는 K의 모습을 지켜보면서 왼손 필사가 어떻게 그의 사고력을 발전시켜 가는지 알 수 있었습니다. 함께하던 왼손 필사 학습이 끝날 때쯤에는 그가 대학에 진학해서 얼마든지 자신의 인생을 스스로 헤쳐나갈 수 있으리라 확신했습니다. K 학생은 몇 개월 사이 몰라보게 의젓하고 성숙해졌습니다. 그에게서 제법 어른스러운 면모가 느껴졌습니다. 하루도 거르지 않고 매일 노트 한쪽을 영어 왼손 필사로 채운 성실함과 끈기가 그를 그만큼 성장하게 했습니다.

필사 체험에 참여한 대학생들 역시 대화할 때 어휘력과 표현력이 좋아졌다고 말했습니다. 학생들은 친구들과 대화를 나눌 때 말하는 의도를 전보다 훨씬 더 잘 알게 되었다고 했습니다. 한 학생은 필사를 시작한 이후 친구들과 대화하는 자리에서 자신이 분위기 좋게 대화를 이끌어가게 되었다고 말했습니다.

"친구들에 분위기 좋게 잘 말하고 대화에 있어서 분위기를 잘 이끌어 갔다. 원래 분위기를 잘 이끌어 가는 성격은 아니지만, 좋은 감재가 있어서 좋았다. 필사를 하며 얻은 점은 단어를 더 다양하게 쓴다는 것이다. 이를 통해 같은 말을 하더라도 다양한 표현을 하며 좀 더 조리 있게 말하는 데 큰 도움이 되는 것 같다. 친구들을 만나서 대화를 하는데 나도 모르게 말하고자 하는 상황을 소설처럼 그리고 있었다. 내가 좀 부족한 부분 중 하나가 기억력인데, 말하려는 상황과 특징 및"

대화를 나눌 때 전에는 장황하고 두서없이 늘어놓던 학생도 필사를 시작한 뒤로 그런 일이 줄었다고 했습니다. 듣는 사람을 고려해 요지를 간단하게 추려서 말하면서 의미를 제대로 전달하게 되었다고 적었습니다.

대학생들에게 어려운 과제가 되곤 하는 발표 수업에서도 필사를 열심히 한 학생들은 좋은 성과를 거두었습니다. 한 학생은 다른 수강 과목에서 두 차례 발표했을 때 필사의 효과를 실감했다고 언급했습니다. 이 학생은 필사를 시작한 지 열흘 정도 지났을 때 다른 강의에서 1차 발표 수업이 있었고 두 달쯤 되었을 때도 발표 수업이 있었는데 차이가 컸다고 합니다. 첫 번째 발표에서는 지나치게 긴장하면서 하지도 않은 실수를 염려하기도 했고, 진행 과정에서 부드럽지 못한 곳이 많았다고 합니다. 하지만 두 번째 발표 수업에서는 전과는 달리 크게 긴장하거나 당황하지 않고 여유 있게 발표를 했다며 놀라워했습니다.

"준비가 완벽히 되지 않아 앞에 나가서 머뭇거리지 않고 잘 할 수 있을지 걱정되었다. 하지만 예상과 달랐다. 전에는 보통 말문이 막히거나 설명이 잘되지 않을 때는 순간 잘하지 못했다는 생각에 긴장해서 목소리가 떨리는 일도 있었지만, 오늘은 왠지 차분하게 여유를 가지고 천천히 설명할 수 있었다. 중간에 교수님께서 해주시는 코멘트들에도 눌리거나 떨지 않고 술술 잘 풀어나갔다. 모두 필사를 열심히 한 효과인 것이라는 생각이 들었다." - I. 대학생

발표 수업을 할 때 지나치게 긴장하는 학생들은 아예 대본을 만들어서 처음부터 끝까지 고개를 들지도 않은 채 읽기도 합니다. 하지만 필사를 꾸준히 한 학생들은 대본을 아예 만들지 않고 하는 등 지나치게 대본에 의존하지 않게 되었다고 반겼습니다. 학생들은 대본 암기가 잘 되었고 말문이 막히는 경우가 줄었으며, 또 여유가 생겨서 실수하더라도 순발력을 발휘에 잘 대처할 수 있었다고 합니다.

"이번 학기 동안 필사를 진행하며 바뀐 점은 발표 대본을 없애거나 아주 적게 썼다는 점이다. 필사를 통해 말을 하는 것에 대한 두려움이 많이 사라지게 되고, 내가 하려는 표현을 좀 더 유창하고 조리 있게 말할 수 있는 능력이 생긴 것 같다." - J. 대학생

"지난번 발표보다 전체적으로 괜찮았다. 조원들이 말하긴 차분하게 잘 진행하는 모습이 돋보였다고 했다. 대본이 기억나지 않거나 많이

매일 노트 한쪽씩 3개월 동안 왼손 필사를 체험한 대학생 10명은 개인차가 있었지만 기억력, 발표력, 불안감, 이해력 등이 좋아졌다며 변화된 모습에 기뻐했다.

잘못 나올 때 당황하는 모습을 줄이기 위해 노력했고, 템포를 조절했다. 필사를 계속하다 보니 문맥이나 대사 전체의 분위기에 조금 더 신경 쓸 수 있게 되었고, 그런 문장들이 모이다 보니 차분한 발표가 될 수 있었다." - E, 대학생

발표 불안이 아주 심한 학생이 있었습니다. 발표할 때 지나치게 긴장한다고 말한 이 학생도 큰 실수 없이 발표를 마칠 수 있었습니다. 이 학생은 발표 자료를 만들면서도 심장이 떨려서 너무 힘들었다고 말해 발표 불안의 정도가 보통 수준을 훨씬 넘는다는 사실을 느끼게 했습니다. 발표하기 전에 필사 과제를 끝내고 이런 메일을 보내왔습니다.

"발표 불안이 원래 심한 편이라 연습하고, PPT 만드는 데도 심장이 떨려서 터질 것 같습니다. 다른 불안 증세들이 다 나아서 괜찮은 줄 알았는데, 발표는 역시 아직도 어려운 일이네요." - F, 대학생

이 학생에게는 필사를 그동안 꾸준히 했으니 아마 잘할 거라고 말해줬습니다. 필사가 작업 기억을 강화하게 되고, 이어 좋은 작업 기억은 감정 조절을 잘할 수 있게 할 테니 지나친 걱정은 하지 말라고 격려했습니다. 실제 발표가 있었던 날 저 또한 어떤 결과가 있을지 궁금했습니다. 결과는 예상보다 훨씬 좋았습니다. 얼굴은 긴장하고 있는 듯 보였지만, 큰 실수는 없었습니다. 무난하게 준비한 자료에 따라 차근차근 조리 있게 잘 설명했습니다. 발표가 끝나고 얘기를 들어보니 손과 다리를 엄청 심하게 떨었다

고 말했습니다. 학생이 정말 많이 긴장했구나 하는 생각이 들었습니다. 하지만 발표할 때는 전혀 그런 징후를 감지하지 못할 정도로 침착해 보였습니다.

필사를 한 뒤로 전과는 달리 당황스러운 상황에서도 침착할 수 있었다고 한 학생도 있었습니다. 이러한 예들은 필사가 작업 기억을 강화한다는 것을 반증합니다. 필사로 작업 기억이 좋아지면 긴급한 상황이나 정서적으로 위축된 상황에서도 마음의 여유를 갖게 되어 당황하지 않게 되고, 신속한 판단과 임기응변으로 상황에 순발력 있게 대처하게 됩니다. 미처 '예상하지 못했던 상황'에도 당황하지 않고 침착하게 대처할 수 있는 게 바로 필사의 힘입니다.

작업 기억이 좋으면 많은 사람 앞에서 발표해야 할 때도 '버벅거리지 않고' 차분하게 힘든 상황을 극복할 수 있습니다. 물론 이러한 상황들을 예상하고 연습하는 것은 가능한 일도 아닙니다. 하지만 왼손 필사를 꾸준히 하게 되면 우리 뇌는 '기억하고 유지하며 판단하는 여유 공간'이 늘어나게 됩니다. 작업 기억이 강화된다는 얘기입니다. 이 작업 기억이 우리를 침착하게 하고 신속한 판단과 대응을 할 수 있도록 만듭니다.

"필사를 하면서 얻은 것이 있다. 바로 말할 때 침착성이 생긴 점이다. 난 당황스러운 상황이나 갑작스런 상황에서 말을 제대로 하지 못하고 얼버무리는 경향이 있다. 그럴 때 종종 상대방에게 오해를 사기도 하는데 이점이 필사를 하면서 조금씩 고쳐가고 있다는 느낌을 받았다. 이런 것이 고쳐지다니 놀랍다." – J. 대학생

"발표 과제를 진행하면서 필사를 함으로써 많은 도움을 받았다는 생각이 들었다. 외운 대로 말이 잘 나오지 않거나 버벅거릴 때 우물쭈물하는 상황이 많이 줄었다. 대본의 내용을 더욱 잘 외울 수 있게 되었고 임기응변으로 상황을 헤쳐나가는 실력도 늘었다." – E, 대학생

학생들은 필사를 한 뒤로 대화할 때 친구들의 얘기를 더 많이 들어주는 태도가 생겼다고 했고, 친구의 말에 즉각적으로 반응하지 않고 좀 더 의미를 생각하고 맥락을 따지는 여유를 갖게 되었다고도 했습니다. 필사를 한 학생들은 개인의 상황과 맥락에 따라 다양한 경험을 했습니다.

왼손 필사의 선물 4

정서가 안정되고 계획적인 생활을 한다

　왼손 필사를 하면서 나타난 긍정적인 변화 가운데 하나가 '감정조절 능력'이 전보다 훨씬 더 좋아지면서 '정서적 안정감'을 되찾는다는 점입니다. 마치 옛 선비들이 정신 수양을 위해 서예를 한 것처럼 필사하는 동안에는 마음이 편안해지며, 일상생활에서도 짜증이나 화를 내는 일이 줄어듭니다.

　공공기관 입사 시험에 떨어져 자신감이 많이 떨어졌다고 한 학생의 필사 체험담은 아주 인상적입니다. 이 학생은 시험에 떨어진 뒤부터 기분이 좋지 않은 꿈이나 악몽을 자주 꾼다고 말했습니다. 그런데 필사를 시작하고 이런 일들이 사라졌다고 했습니다. 이 학생은 전부터 자존감 치유에 관한 책을 읽고 있었는데 이 책을 왼손 필사한 뒤부터 심리적으로 안정감을 찾았다고 말했습니다. 왼손 필사를 시작한 지 사흘이 지날 무렵부터 '멍하니 있곤 하는 일이 줄고, 일할 때 집중하게 되었다'고 했습니다. 또 감정 기복이 커서 힘들었던 것이 조금씩 나아지고 안정감을 되찾고 있다고 했습니다.

"(왼손 필사를 한 후로) 감정조절이 되고 있다고 느껴진다. 최근에 슬픈 일이 생겨서 힘든 중에 있지만, 평소 상태였다면 너무 큰 감정 기복에 못 이겨 더 힘들어하고 있었을 것이다. 그동안 주변 환경이 정리되지 않아 무엇에도 집중하지 못했다. 그런데 요즘은 슬픈 감정을 담담하게 받아들이고 전보다 더 편안해서 삶이 안정되어 간다는 걸 느낀다." – A, 대학생

"(왼손 필사를 한 뒤로) 정서적으로 안정되면서 자주 꾸던 악몽을 꾸지 않게 되었다. 시험에 실패한 뒤에 마음이 위축된 탓에 더욱 자주 그런 꿈을 꾸었는데 필사를 시작하고 다시 삶에 대한 집중도가 높아지고, 주변 환경에 흔들리지 않고 마음이 훨씬 더 낙천적이 되고 삶에 대한 불안감이 줄어들었다." – P, 대학생

한 달 가까이 왼손 필사를 했던 두 학생은 일상생활에서 완전히 안정감을 되찾았다고 했습니다. 전에는 자주 화를 내거나 짜증을 낼 일에도 동요하지 않게 되었다고 전해왔습니다. 과거보다는 현재의 일에 초점을 맞추고 감정을 추스르며 상황을 개선하기 위한 실질적인 방법을 생각하게 되었다고 했습니다.

"(왼손 필사를 한 후로) 감정이 절제된다는 것도 느낄 수 있었다. 누군가 짜증을 내더라도 그 때문에 바로 기분이 나빠지거나 마음에 동요가 일어나지 않았다. 그저 그 상황이 어떻게 하면 더 나아질지에 대해

생각하게 되고 더 이성적인 방법으로 문제를 대하는 내 모습을 발견했다." - A. 대학생

이 학생의 사례를 보면 필사할 책을 고를 때 자신의 필요에 맞게 선택하는 게 아주 중요하다는 생각을 하게 됩니다. 정서적인 안정이 필요할 때에는 마음에 평안을 주는 에세이나, 심리 치료에 관한 책을 필사하면 훨씬 긍정적인 효과를 낳을 수 있습니다.

많은 학생이 필사를 하면 마음이 안정되고 편안해진다는 글을 보내왔습니다. 화가 나는 일이 있어도 필사한 뒤부터는 마음을 가라앉힐 수 있게 되었다고도 했습니다. 이런 정서적 안정감은 필사를 하면서 우리 뇌의 작업 기억이 강화되어 나타나는 긍정적인 효과입니다.

"1교시에 늦지 않게 가기 위해 일찍 일어나 준비하여 1교시에 왔으나, 휴강이라는 말을 전파받고 강의실에 와있던 학생들 모두 굉장히 화를 내며 불쾌해 했다. 나도 마찬가지로 당황스럽고 화도 났지만, 이내 필사를 하면 되겠다 싶어 바로 필사를 시작했고 내친김에 독서도 하게 되었다. 필사를 통해 내 감정을 조절하는 계기가 된 것 같다. 4학년이라는 시심이 나에게는 끊임없이 스트레스를 주게 되는 요인인 것 같다. 그래도 필사 과제를 하는 동안에는 이러한 스트레스에서 벗어날수 있고, 다른 생각을 하지 않게 되는 긍정적인 면을 볼 수 있었다."
– B. 대학생

저 또한 마음을 가라앉혀야 할 필요가 있으면 언제나 왼손 필사를 합니다. 왼손 필사를 할 수 없을 때는 왼손 손가락을 움직여서 글씨를 씁니다. 암송했던 시를 떠올려서 쓰거나 휴대폰에서 찾은 좋은 문장들을 필사합니다. 그러면 마음이 차분해지는 것을 느낄 수 있습니다. 마음을 안정시키는 데에도 왼손 필사는 오른손 필사를 압도합니다. 화가 나거나 짜증이 날 때 왼손 필사를 해보시길 바랍니다. 마음이 어느 정도 진정되는 것을 느낄 수 있습니다. 그러다가 손을 바꿔 오른손 필사를 해보면 진정되었던 마음이 다시 산란해지는 것을 경험하게 됩니다. 왼손 필사의 진정 효과는 정말 놀라울 정도로 강력하다는 것을 깨닫게 됩니다.

왼손 필사의 선물 5

뇌자극이 강화되어 도전하는 기쁨을 준다

왼손으로 필사하는 건 사실 쉬운 일만은 아닙니다. 많은 사람이 처음 왼손 필사를 하면 당황하고 힘들어합니다. 어떤 분은 오른손 필사를 하다가 왼손으로 글씨를 써보라고 권하자 필사를 중단하기도 했습니다. 또 어떤 분은 오른손으로 쓰면 될 일을 굳이 왜 왼손으로 쓰려고 하느냐며 화를 내기도 했습니다. 왼손 필사는 정말 큰 인내심이 필요한 일입니다. 하지만 꾸준히 왼손 필사를 하게 되면 오른손 필사와는 또다른 매력을 발견하게 됩니다.

저는 왼손 필사를 할 때 아주 즐겁습니다. 오른손은 달필이지만 1년 넘게 필사를 한 지금도 왼손은 또박또박 한 자씩 글씨를 써나갑니다. 하지만 그렇게 천천히 글씨를 쓰는 재미가 아주 쏠쏠합니다. 저의 왼손은 이제 나름대로 독특한 글씨체를 만들었습니다. 그 글씨체로 왼손 필사를 하는 게 정말 즐겁습니다. 왼손 글씨체와 오른손 글씨체는 완전히 다릅니다. 오른손은 필기체를 자유자재로 쓰지만 나름대로 독특한 글씨체를 개발한 왼손의 모습은 오른손에서 찾아볼 수 없는 또 다른 기품을 느끼게 합니다. 저는 왼손 글씨체가 아주 마음에 듭니다.

필사를 오래 하면 왼손 필사와 오른손 필사의 차이점에 주목하게 됩니다. 앞서 소개했던 대학 강사 L 씨도 오른손은 단순히 글씨를 쓰는 필기구처럼 별다른 생각이 없지만, 왼손은 글씨를 쓸 때 마치 쓰고 있는 글에 대해 무엇인가 골똘히 생각한다는 느낌을 준다고 말했습니다. 역시 대학에서 강의하는 한 분도 왼손 필사는 무엇인가 새로운 것에 도전한다는 설렘을 갖게 한다는 얘기를 들려줬습니다.

필사를 석 달 가까이 체험한 대학생들도 나름대로 오른손 필사와 왼손 필사의 차이에 주목하고 왼손 필사에 특별한 의미를 부여했습니다. 한 학생은 왼손 필사를 할 때 오른손 필사보다 마음이 더 차분해졌다고 했습니다. 힘들기 때문에 왼손으로 글씨를 쓸 때 훨씬 신경을 쓰고 집중했기 때문이라고 관찰한 바를 언급했습니다.

"왼손으로 집중하여 글씨를 쓰면 좀처럼 잘되지 않는 것에 대한 인내와 기다림을 인습하게 되는 것 같다. 그래서 좀처럼 잘 진행되지 않는 일에 대해 화를 내거나 포기하는 것이 아니라 인내와 끈기를 배우게 한다. 불안한 감정에 흔들리지 않고 침착하게 작업을 할 수 있는 상태를 만드는 것 같다." – A. 대학생

왼손 필사를 할 때 기억력과 시각 이미지 구성이 더 잘 된다고 한 학생도 있었습니다. 제 경험도 비슷했습니다. 왼손 필사는 오른손으로 쓸 때보

다 상대적으로 시간이 오래 걸리고 그러다 보니 더욱더 세밀하게 관찰하기 때문에 훨씬 더 기억을 강화하는 데 도움이 됩니다. 오른손으로만 글씨를 썼던 학생들에게 왼손으로 필사를 하는 경험은 뇌를 강하게 자극하는 좋은 경험입니다.

"왼손 필사를 할 때는 오른손 필사와 느낌이 조금 다르다. 이상하게 왼손 필사를 할 때 문장을 쓰는 시간이 더 오래 걸리는데, 실수는 별반 차이가 없는 것 같다. 왼손 글씨체는 별로지만, (문장을) 외우고 이미지로 만들어서 종이 위에 쓰는 것은 왼손 필사가 더 잘되는 것 같다." - E, 대학생

"이제는 왼손 필사를 중간에 쉬지 않고 편하게 끝낼 수 있게 되었다. 처음에는 어깨도 아프고 손목도 아파서 중간에 쉬면서 했지만, 이제는 큰 부담이 되지 않는 것 같다. 왼손의 부자연스러움이 조금 개선되어서 필사에만 집중할 수 있게 되었다." - J, 대학생

왼손으로 글씨를 쓰는 일은 정말 쉽지 않습니다. 하지만 그 효과는 아주 강력합니다. 우선 오른손으로 글씨를 쓰는 것보다 훨씬 더 강하게 뇌를 자극할 수 있습니다. 학생들은 석 달 동안 오른손 필사와 왼손 필사를 하면서 이처럼 여러 가지 필사의 효과와 상황을 직접 경험했습니다. 하루에 노트 한 쪽을 필사하면서 학생들은 아주 값진 체험을 했습니다. 강한 동기를 가지고 혼신의 힘을 다해서 필사한다면 누구라도 크고 값진 성과를 얻을

수 있으리라는 확신을 가질 수 있었습니다. 필사하는 노력이 오랜 시간 쌓이고 또 쌓이게 되면 예상하지 못했던 멋지고 놀라운 결실로 보상을 받습니다.

여학생이 남학생보다 왼손 손글씨를 잘 쓴다

 왼손 필사를 하는 학생들의 글씨체를 유심히 살펴보면 여학생들이 남학생들보다 왼손 글씨를 훨씬 더 잘 씁니다. 여자가 남자보다 더 잘 쓴다는 말로 이해해도 좋겠습니다. 세로획이나 가로획도 더 반듯하고 네모나 동그라미도 잘 그립니다. 심지어는 유학을 온 중국 여학생들이 한국인 남학생보다 왼손으로 한글을 더 잘 씁니다.

 남성이 주로 좌뇌를 사용하는 것과는 달리 여성은 좌뇌와 우뇌를 동시에 활성화시켜서 사용하고, 좌뇌와 우뇌의 정보를 교환하는 뇌량이 크다는 점이 이유가 될 듯싶습니다. 오른손으로 글씨를 쓰는 좌뇌의 정보가 뇌량을 통해서 우뇌와 왼손으로 더 빠르고 자연스럽게 전달되어 남자들보다 글씨를 더 잘 쓴다는 말입니다. 특히 한자를 읽을 때는 우뇌가 더 활성화되는 데다가 중국인 학생들은 어렸을 때부터 손으로 쓰면서 한자를 익히기 때문에 우뇌가 발달해 왼손 글씨도 훨씬 더 잘 쓰는 것으로 생각합니다. 우리말이나 영어와는 달리 상형문자인 한자는 시각적인 특징이 강하

고 문자의 공간 배치가 중요한 탓에 우뇌를 더욱더 활성화

　왼손잡이로 태어났지만, 오른손으로 글씨를 써온 사람들은 오른손잡이보다 왼손 글씨를 훨씬 더 잘 씁니다. 적응도 잘합니다. 개인마다 조금씩 다르긴 하지만 본래 우세(優勢)손이 왼손인 사람들은 오른손잡이가 왼손으로 쓰는 것과는 비교가 되지 않을 만큼 빠른 속도로 안정된 왼손 글씨체를 만들어냅니다. 그 이유는 본래 우세손이 왼손이기 때문에 왼손과 왼손 손가락의 소근육이 오른손잡이보다 훨씬 더 잘 발달되어 있기 때문입니다. 실제로 오른손잡이인 줄 알고 살았던 왼손잡이들의 악력을 측정해보면 왼손의 악력이 오른손보다 훨씬 더 강하거나 비슷하다는 사실을 확인할 수 있습니다.

　오른손잡이가 왼손으로 글씨를 쓰는 작업은 결코 쉬운 일이 아닙니다. 일단 펜을 잡아본 경험이 없는 왼손은 힘이 아주 약한 상태입니다. 펜을 잡고 글씨를 쓰는 정교한 일을 할 수 있을 만큼 근육이 발달해 있지 않습니다. 손가락에 힘이 없으면 왼손 가로획과 세로획을 제대로 끝까지 반듯하게 긋지 못합니다. 글씨가 삐뚤빼뚤 제대로 써지지 않습니다.

　하지만 우세손인 오른손만큼 글씨가 멋지게 써지지 않더라도 실망할 필요는 없습니다. 당연한 일이라고 여겨야 합니다. 오랜 세월 글씨를 쓴 오른손의 힘과 이제 처음 펜을 쥐는 왼손의 힘이 같을 수는 없습니다. 오히려 다르지 않다면 그게 더 이상합니다. 오른손과 왼손의 힘이 차이가 나는 만큼 얻을 것도 많다고 생각하면 틀린 얘기가 아닐 겁니다.

　오른손잡이가 왼손 필사를 할 때는 조금 더 인내심을 발휘해야 합니다.

힘들더라도 포기하지 말고 꾸준히 계속해야만 합니다. 왼손 필사를 하면 단지 오른손 필사만 할 때보다 얻는 게 훨씬 더 많다는 사실을 믿고 꾸준히 노력해야 합니다. 오른손잡이의 오른손은 글씨를 처음 배운 뒤부터 줄곧 펜을 잡고 글씨를 써왔습니다. 하지만 왼손은 이제 걸음마를 뗀 아이에 불과합니다. 그러니 애정을 잠아 더 잘 쓸 수 있도록 왼손을 격려해줘야 합니다.

왼손 필체는 틀림없이 좋아지게 됩니다. 그런 사례가 실제로 있습니다. 전쟁에 참여했다가 우세손에 부상을 입은 사람들이 비우세손으로 글씨를 쓰는 연습을 했는데 열심히 한 결과 6주 정도 지나서 예전 글씨를 회복했다는 연구가 있습니다. 비우세손의 글씨체는 쓰면 쓸수록 좋아집니다. 하루 2시간 정도 필사를 했던 저는 석 달 정도 지나서야 제법 모양새 갖춘 글씨를 쓸 수 있었습니다. 1년 넘게 필사를 했지만, 전형적인 오른손잡이 남자여서 그런지 지금도 오른손만큼 왼손 글씨를 편하게 쓰지 못합니다. 앞으로 더 나아지겠지요.

글씨체가 좋아지는 과정은 왼손 소근육의 힘이 자라고 뇌의 통제력이 강화되는 것과 맞물려 있습니다. 왼손 글씨체가 나아지는 과정이 리터러시 능력과 작업 기억, 암기력과 집중력이 점점 강화되는 것과 맞물려 있다고 생각하면 틀리지 않습니다. 삐뚤빼뚤, 못난 왼손의 글씨체에 여러분의 인생을 변화시킬 힘과 가능성이 꿈틀거리며 자라난다고 생각하면 됩니다. 결코, 틀린 얘기가 아닙니다. 그렇게 왼손 글씨체가 성장해가는 모습을 편안한 마음으로 즐기시길 바랍니다. 중요한 것은 중단하거나 포기하지 않고 매일 꾸준히 쓰는 일입니다.

왼손 운동을 하는 것도 도움이 됩니다. 왼손으로 글씨를 잘 쓰기 위해서는 손가락 힘을 길러주는 운동을 병행하면 아주 좋습니다. 글씨를 쓰는 것 외에도 왼손을 자주 사용하는 버릇을 들이면 왼손 필사를 하는 데 큰 도움이 됩니다. 왼손으로 숟가락질과 젓가락질을 연습하는 것도 좋은 방법입니다. 특히 왼손 젓가락질은 왼손으로 글씨를 쓰는 것만큼 정교한 운동입니다. 좌뇌를 주로 사용하는 오른손잡이에게 아주 효과적인 우뇌 사용 연습이 될 수 있습니다. 이 밖에도 사용하지 않는 손을 일상생활에서 자주 사용해보는 것이 큰 도움이 될 것입니다. 왼손으로 그림을 그리거나 낙서를 하고, 쌀을 씻거나 설거지를 해보는 것도 좋습니다. 칫솔질도 규칙적으로 할 수 있는 왼손 연습 방법의 하나입니다. 저는 면도를 왼손으로 합니다. 물론 처음에는 들쭉날쭉 고르게 깎지 못해서 난감했지만 1년이 지나면서 이제는 제법 오른손만큼 왼손으로도 면도를 잘할 수 있게 되었습니다.

왼손 필사를 하던 한 학생이 왼손이 숙련되어 오른손만큼 글씨를 쓰는 데 익숙해지게 되면, 혹시 오른손으로 글씨를 쓸 때처럼 집중력이 떨어지는 게 아니냐고 질문한 적이 있습니다.

아주 재미있는 질문입니다. 왼손이 오른손만큼 글씨를 잘 쓰게 되면 아마도 학생의 기억력과 집중력이 이미 최고 수준에 이른 것이라고 웃으면서 답해줬습니다. 오른손잡이가 왼손을 오른손만큼 자연스럽게 사용할 수 있게 되었다면 그것은 왼손을 통제하는 우뇌의 힘이 오른손을 통제하는 좌뇌의 힘과 균형을 이룬 상태입니다. 뇌의 대칭성이 그만큼 확장되었다고 생각하면 틀림없습니다.

꾸준히 왼손 필사를 하면 어떤 변화가 일어날지 그 끝이 보여주는 세계는 아직 아무도 가보지 않았습니다. 저 역시 왼손으로 글씨를 쓴 지 이제 일년밖에 지나지 않았습니다. 물론 그 일년 사이에 많은 놀라운 일들이 일어났습니다. 중단하지 않고 앞으로도 계속해서 왼손 필사를 하려고 합니다. 그러면서 여러 가지 흥미로운 실험들을 진행할 계획입니다. 평생 왼손 필사를 하면 어떤 변화가 있을까요? 어떤 놀라운 일이 일어날지 저 역시 몹시 궁금합니다.

왼손 필사가 가져올 미래에 대해 저는 낙관적입니다. 왼손잡이가 오른손으로 글씨를 쓰면 좌뇌와 우뇌의 대칭성이 증가한다는 연구 결과들이 이미 나와 있습니다. 오른손잡이가 왼손으로 글씨를 쓰면 마찬가지로 우뇌를 활성화시켜서 창의성이 좋아지는 등의 이점을 가질 수 있습니다. 창의력을 꽃피우려면 좌뇌는 물론 우뇌의 활성화가 반드시 필요하기 때문입니다. 바람이 있다면 이왕이면 왼손잡이로 알려진 독일의 대문호 괴테 같은 출중한 재능이 생겨서 문학에서 좋은 작품으로 노벨상 하나 받았으면 좋겠습니다. 아주 기분 좋은 상상입니다.

왼손 필사를 해야만 하는 더 특별한 이유들

한줄기억 왼손 필사는 거울 뉴런을 활성화하고 작업 기억을 강화해서 글쓰기와 말하기, 읽기와 같은 학습 능력을 증강시켜 줍니다. 또한, 기억력과 집중력을 키워주고 외국어를 잘하도록 해줍니다. 왼손 필사는 뇌의 대칭성을 높여서 창의적인 사고를 할 수 있도록 돕습니다. 그렇다면 우리가 한줄기억 왼손 필사를 하면 얻을 수 있는 특별한 이점은 무엇이 있을까요?

우선 남녀를 불문하고 오른손잡이는 모두 왼손 필사를 하면 좋을 것으로 생각합니다. 오른손잡이가 왼손으로 펜을 쥐고 문장을 읽고, 이미지를 그리고 외워서 필사하면 지적 능력을 200% 이상 끌어올릴 수 있습니다. 오른손잡이가 왼손 필사를 하면 좋은 이점은 이 책 전반에 걸쳐서 자세히 설명했으니 더 이상 재론할 여지가 없을 듯합니다.

왼손잡이는 어떻게 해야 할까요? 왼손으로 글씨를 써온 전형적인 왼손잡이라면 당연히 오른손으로도 글씨를 쓸 줄 알아야 합니다. 그래야 마찬가지로 우리 뇌의 대칭성의 이점을 누릴 수 있습니다. 그런데 왼손잡이이면서도 오른손으로 글을 써 온 사람들은 어떻게 해야 할까요? 왼손잡이와 이야기를 나누고 관찰한 바로는 오른손으로 글씨를 쓴 왼손잡이는 자신의 주손인 왼손으로도 글씨를 쓸 수 있어야 한다는 게 제 결론입니다.

손은 뇌를 자극하고 단련할 수 있는 가장 효과적인 도구이며, 손과 뇌를 매개하는 가장 중요한 매체는 언어입니다. 따라서 오른손잡이가 왼손으로 글씨를 써서 두 손을 단련하는 것처럼 오른손으로 글씨를 써 온 왼손잡이 역시 왼손으로도 펜을 잡고 글씨를 써야 좋습니다. 본래 왼손잡이로서 타고난 자신의 강점을 잘 살릴 수 있습니다. 오른손 사용을 훈련해서 양손잡이가 된 사람들도 본래 주손인 왼손으로 글씨를 쓰는 일이 아주 중요합니다. 정서적 안정과 자신감을 회복할 수 있습니다.

지금까지 오른손으로 글씨를 써왔다면 이제 본래 주손인 왼손으로도 글씨를 쓸 수 있도록 힘쓰시길 바랍니다. 저는 왼손잡이었던 사람이 자신의 왼손으로 언어를 다루는 일은 오른손으로 글씨를 쓰는 것만큼 중요한 일이라고 생각합니다. 물론 오른손으로 글씨를 쓰는 습관도 좌뇌와 우뇌의 대칭성을 강화하기 위해서 그대로 유지하는 게 좋습니다.

남학생과 여학생의 왼손 글씨체를 비교해보면 여학생들이 왼손 손글씨를 더 잘 씁니다. 그 이유는 여성의 뇌량이 남성보다 상대적으로 더 발달해 있기 때문입니다. 또한 좌뇌와 우뇌가 공조하는 경향이 훨씬 더 강하고, 남성보다 언어 능력이 뛰어나다는 점도 여성이 왼손 글씨를 잘 쓰는 이유가 될 수 있습니다.

따라서 남성은 좌뇌와 우뇌의 공조를 강화하고 뇌량을 키우기 위해서 한줄기억 왼손 필사를 더욱더 열심히 해야 합니다. 잘하지 못하는 것을 훈련하면 할수록 얻을 게 더 많기 때문입니다. 앞서 살펴봤지만, 오른손으로 글씨를 쓰는 왼손잡이에 관한 연구는 우뇌의 활동을 변함없이 유지하면서도 좌뇌의 활동성이 많이 증가한다는 것을 보여줍니다. 따라서 좌뇌만 주로 쓰는 남성들이 왼손 필사를 하게 되면 좌뇌의 활동을 유지하면서 동시에 우뇌를 더욱더 활성화시켜서 훨씬 더 많은 이득을 얻을 수 있습니다. 또한, 남성들이 왼손 필사를 하면 학습과 공감 능력에서 훨씬 더 큰 발전이 있으리라 생각합니다.

그렇다면 여성이 한줄기억 왼손 필사를 해야 할 특별한 이유는 무엇일까요? 사실 여성은 남성보다 훨씬 더 뛰어난 지적 능력을 갖추고 있으면서도 훨씬 더 걱정과 불안감이 크고 치매에 걸릴 위험도 크다고 합니다. 한줄기억 왼손 필사는 작업 기억을 강화하고 기억력과 집중력을 증강하면서 정서적 안정감을 회복할 수 있습니다. 여성이 한줄기억 필사를 한다면 남성보다 훨씬 더 큰 이점을 누리리라 생각합니다. 여성이 왼손 필사를 반드시 해야 하는 이유는 다음 장에서 좀 더 자세히 말씀드리겠습니다.

한줄기억 왼손 필사를 꼭 권하고 싶은 이들이 있습니다. 열심히 공부하는 데 제대로 성적이 나오지 않는 학생과 수험생들입니다. 공부를 하고 싶어도 어디서부터 어떻게 해야 할지 기초가 없어 고민인 학생들에게 왼손 필사로 학습하기를 권합니다. 취업 준비생에게도 왼손 필사 학습을 권합니다. 한줄기억 왼손 필사는 기억력과 집중력, 학습 능력을 빠른 시간 안에 증강시켜주는 가장 효율적인 학습법입니다. 국어든 영어든 수학이든, 어떤 과목을 왼손 필사로 공부해도 좋습니다. 취업 준비생이라면 취직 시험에 관계된 과목을 공부하면 좋습니다. 그동안 열심히 노력했지만 해도 해도 안 된다는 절망감만 남았다면 왼손 필사로 한 번 더 도전하길 권합니다. 매일 일정한 시간과 분량을 정해놓고 공부해야 할 내용을 왼손으로 쓰면서 암기하면 됩니다. 정말 좋은 결과가 있으리라 생각합니다.

필사 모둠을 만들어 피드백을 주고받자

    왼손 필사로 원하는 목표를 이루기 위해서는 강한 '동기'와 규칙적인 '피드백'이 정말 중요합니다. 왼손 필사가 습관이 되기까지는 적지 않게 힘이 들기 때문에 중도에 포기하지 않고 계속하려면 왜 하는 것인지 '동기'가 분명해야 합니다. 그러려면 왼손 필사가 어떤 과정으로 어떤 결과를 가져오는지 잘 알아야 하며, 그런 다음 왼손 필사로 성취할 목표를 분명하게 정하는 게 중요합니다.

    시인이 되겠다거나 소설가가 되겠다는 동기가 있다면 매일 시 한 편을 암송해서 1년에 300편 시를 암송하겠다든지, 좋은 소설을 매일 다섯 쪽씩 왼손 필사하는 단기적인 목표를 세울 수 있습니다. 외국어를 잘하고 싶다면 책 한 권을 하루 세 쪽씩 왼손 필사해서 석 달 안에 모두 암송해보겠다는 목표를 세울 수도 있습니다. 학생이라면 원하는 대학에 가기 위해 다음 시험에 국어나 수학 과목을 몇 등급까지 올리겠다든가 이런 가능한 목표를 확실하게 세우고 매일 꾸준히 왼손 필사를 하는 게 좋습니다. 강한 동기와 목표가 없으면 며칠 해보지도 않고 중도에 포기하고 맙니다.

실제로 우리 뇌는 '동기'가 있어야 그 방향을 향해 강하게 움직입니다. 우리 뇌는 매 순간 지금 하고 있는 일이 의미가 있는지를 따집니다. 우리 뇌는 일단 특정 학습 정보를 받아들이기로 선택하면 어떤 식으로든 의미 있는 정보만을 선택하여 기억하고 회상합니다. 그러니 필사를 할 때는 강한 동기와 목표를 가지고 시작해야 합니다. 왼손 필사가 습관이 되어 안 하고서는 견딜 수 없는 수준에 이르기 전까지는 마음을 단단히 먹고 실천해야 합니다. 한 달 만 꾸준히 하면 변화의 징후들이 실제로 나타나기 때문에 그 이후부터는 왼손 필사를 하는 게 신나는 일이 되리라 생각합니다.

왼손 필사를 지속하기 위해서 동기만큼 중요한 것이 피드백(feedback)입니다. 피드백은 필사하는 사람의 학습 결과를 평가하고 그것을 다음 학습에 효과적으로 반영하는 일입니다. 적절한 피드백은 필사하는 사람의 뇌를 변화시킵니다. 피드백은 자극의 한 형태이기 때문입니다. 피드백 자극이 전혀 없으면 뇌는 학습 중인 정보에 반응하지 않는다고 합니다. 그래서 어떤 뉴런을 키울지 또는 어떤 뉴런을 솎아낼지 결정하는 데 어려움을 겪는다고 합니다.

누군가에게서 긍정적인 피드백을 받으면 필사하는 사람은 행복한 기분이 들면서 더욱더 열심히 하게 됩니다. 그리고 행복한 기분을 맛본 사람은 그 기분을 다시 느끼기 위해 다시 필사하게 됩니다. 피드백은 왼손 필사를 즐겁게 지속적으로 할 수 있는 결정적인 힘이 됩니다.

그래서 왼손 필사를 위한 '모둠 활동'을 권합니다. 규칙적인 피드백을 얻기 위해서는 적극적인 모둠 활동이 반드시 필요합니다. 크지 않은 모둠을 만들어 일정한 범위를 정해 왼손 필사를 하고 그 결과를 놓고 서로 피드백을 주고받는 게 좋습니다. 왼손 필사의 성과를 확인하고 서로를 격려하는 것이 왼손 필사를 꾸준히 하는 데 도움이 됩니다. 만약 독서 모임을 하고 있는 분들이라면 그 모임에서 왼손 필사를 제안해서 모둠 활동을 하면 좋으리라 생각합니다. 학생들이라면 친한 친구들 몇몇이 왼손 필사 모둠을 만들어도 좋습니다. 둘도 없는 '베프'와 함께 해도 좋겠지요.

왼손 필사를 혼자서 하기란 결코 쉬운 일이 아닙니다. 초등학생만도 못한 글씨를 쓰면서 글쓰기와 학습을 시작한다는 게 결코 간단한 일이 아닙니다. 피드백 없이 혼자서 왼손 필사를 하다가 중도에 포기하는 분들을 저는 정말 많이 봤습니다. 분명한 동기와 목표, 모둠 활동은 왼손 필사로 원하는 바를 이루는 데 큰 힘이 됩니다. 모둠 활동으로 서로를 격려하면서 한 달 정도 하다 보면 분명한 변화를 감지할 수 있고, 이후부터는 변화의 열매를 키워가며 왼손 필사를 즐길 수 있습니다. 그렇게 습관이 되면 왼손 필사를 할 때마다 괜히 마음이 들뜨고 즐거워집니다. 여러분도 그런 행복한 순간을 만끽하게 되기를 바랍니다.

왼손 필사는 리터러시와 학습 능력을 당신이 노력한 만큼 끌어올려 주는 아주 확실하고 정직한 학습법입니다. 지금까지 여러 가지 다른 방법을 시도해 실패만 경험했다면 이번엔 한줄기억 왼손 필사로 도전해보시기 바랍니다. 한줄기억 왼손 필사의 강점은 학습자가 자신의 작업 기억 용량과 정보 유지 능력에 지나친 부담을 주지 않으면서 편하게 시작할 수 있다는 점입니다. 읽고, 이미지를 그리고, 외우면서 왼손으로 쓰기만 하면 됩니다. 그렇게 하다 보면 조금씩 암송할 수 있는 분량이 늘어나고 결국에는 아주 강한 기억력과 집중력, 작업 기억을 키울 수 있습니다. 한줄기억 왼손 필사는 '절대 불패'의 학습법입니다. 한줄기억 왼손 필사로 공부한다면 절대로 지적 능력을 겨루는 데서 패배할 일도 실패할 일도 없습니다. '공부가 가장 쉽다'는 말을 여러분도 확실히 믿게 되리라 생각합니다. 한줄기억 왼손 필사는 여러분이 원하는 바를 이룰 수 있게 하는 기적과 같은 힘을 발휘합니다.

평생 루쉰을 읽고 필사한 마오쩌둥

중국 혁명을 성공시킨 대륙의 큰 별, 마오쩌둥(毛澤東)은 '만 권의 책을 읽고, 만 리 길을 다녀라'는 구웬우의 말을 자신의 삶 속에서 실천했습니다. '책과 사회'를 '글자 있는 책과 없는 책'에 비유했던 마오쩌둥은 항상 책에서 읽은 내용을 현실과 경험에 비추어 비판적으로 바라보는 태도를 견지했습니다. 예를 들어, 《자치통감》과 같은 왕조 중심의 오래된 역사서에서 얻은 지식조차도 당대의 중국 현실을 개선하는 데 도움이 되도록 철저하게 분석하고 인용했습니다.

평생 손에서 책을 놓지 않았던 마오가 가장 높이 평가한 중국 작가는 루쉰이었습니다. 대장정을 비롯한 오랜 기간의 혁명 운동 중에도 마오는 《아Q정전》을 비롯한 루쉰의 모든 작품을 빼놓지 않고 읽고 중요한 대목은 모두 필사하고 암송했습니다. 그는 루쉰의 사상과 작품, 그리고 작품의 주인공들을 인용해 글을 쓰고 연설했으며, 특히 대중적인 호소력을 갖는 《아Q정전》의 '일상적인 언어와 구어체'에 주목하고 이를 익히고 보급하는 데 힘썼습니다.

마오는 특히 루쉰의 시를 좋아했습니다. 그의 시가 산문과 마찬가지로 현실의 문제들의 핵심을 정확히 꿰뚫고 있다고 생각했습니다. 그는 〈루쉰전집〉에 실린 신시와 구체시를 반복해서 읽고 필사했으며 그중 많은 시를 암송할 수 있었습니다. 서예 할 때는 자주 루쉰의 작품을 옮겨 썼습니다. 지인들이 청할 때도 항상 루쉰의 시를 써주었습니다. 마오가 가장 즐겨 썼던 문장은 '세간의 손가락질은 눈썹을 치켜뜨고 응대하겠지만, 기꺼이 머리 숙여 아이들을 위한 소가 되리라'라는 루쉰의 시구입니다.

마오는 필사가 작품의 이해를 돕는다고 봤습니다. 루쉰의 시를 필사했던 이유 역시 그의 작품을 깊이 이해할 수 있었기 때문입니다. 루쉰의 시를 필사하는 이유를 묻는 질문에 그는 "루쉰의 시를 베껴 쓰면 시의 내용을 한 걸음 더 나아가서 이해할 수 있고 루쉰을 한층 더 깊이 있게 이해할 수 있다"고 답했습니다.

중국에 '배움에는 끝이 없다'는 속담이 있는데, 마오의 독서열이 바로 그랬습니다. 그는 업무 외의 거의 모든 시간을 독서로 채웠습니다. 책을 손에 쥐면 피곤함을 잊었고, 잠자는 것과 밥 먹는 것도 잊은 채 독서를 즐겼습니다. 마오는 책을 읽고 공부를 하는 시간이 자신에게는 휴식 시간이나 다름없었다고 즐겨 말했습니다. 그는 또 빠르고 정확하게 읽는 독서가이기도 했습니다. 좋은 책을 손에 잡으면 그는 잠을 자지 않고 읽어나갔습니다. 한번은 나폴레옹 전기를 다룬 책을 동료들과 함께 읽기로 했는데 다른 이들이 한 권도 채 읽지 않은 사이에 그는 세 권을 모두 읽었다고 합니다.

독서로 얻는 마오의 해박한 지식과 뛰어난 기억력은 수많은 일화를 남겼습니다. 그의 강의를 듣는 학생들은 중국사는 물론 세계사, 철학과 사상을 망라하는 엄청난 양의 지식에 먼저 놀랐으며, 수강생인 자신들의 이름을 모두 기억한다는 사실에 또 한 번 놀라곤 했습니다. 마오는 칠순이 넘은 나이에도 자신이 어린 시절 읽었던 〈삼수강〉이라는 시의 전문을 한 자도 틀리지 않고 외워서 쓸 정도로 기억력이 뛰어났습니다.

마오는 청년 시절부터 '많이 읽고 많이 생각하고 많이 쓰고 많이 묻는 '사다(四多)'를 실천했습니다. 그리고 책을 읽을 때마다 인용할 만하다고 생각한 내용은 반드시 필사했습니다. 또 비판할 점이 있거나 새로운 발상이 떠오르면 책에 직접 쓰기도 했습니다. 그래서 그가 읽었던 책에는 여백이나 단락의 끝, 행간마다 직접 쓴 비평이 빼곡히 들어차 있었습니다. 철학과 정치이론서는 물론이고 과학과 인문학 등 자신이 읽은 거의 모든 책에 이러한 비평과 주석을 달았습니다.

마오는 한 연설에서 "내가 다시 10년을 살고 죽는다면 9년 359일을 배우겠다"고 말했습니다. "공부를 결심하면 죽어서야 멈추고, 하루를 살면 하루를 공부하리라"고 입버릇처럼 말하던 마오는 실제로 임종에 이르러서야 손에서 책을 내려놓았다고 합니다.

주① 꿍위즈 외 지음·조경희 옮김, 《마오의 독서생활》 2011, 글항아리.

5부

젊고 건강한 두뇌로 바꾼다

한줄기억 왼손 필사는 우리의 지적 능력을 평생 유지하고 강화할 수 있는 아주 훌륭한 방법입니다. 특히 뇌의 전두엽과 작업 기억을 강화하고 오른손잡이의 우뇌를 단련시켜 좌뇌와 우뇌의 공조와 협력을 촉진하기 때문에 평생 젊고 건강한 두뇌를 유지하는 데 더없이 좋은 방법입니다.

지적 능력을 단련하는 뇌운동이다

매일 기억력과 작업 기억을 단련하는 일은 꾸준히 운동하는 것만큼 우리 삶에 큰 영향을 미칩니다. 운동을 게을리하면 몸의 기능이 약해지고 병에 걸리기 쉬운 것처럼 기억력이 떨어지고 여러 가지 지적 능력이 약화되면 우리는 몸의 기능 자체를 서서히 잃을 수 있습니다. 몸을 움직여서 어떤 일을 하려면 우리 뇌가 그 일과 관련된 몸의 기능을 기억하고 있어야하기 때문입니다. 예를 들어, 치매 환자들은 집의 위치에 대한 '기억'을 잃고, 화장실을 가서 볼일을 봐야 한다는 '기억'을 잃고, 심지어는 먹어야 산다는 '기억'조차 잃기 때문에 신체적으로 위험한 상황에 놓이게 됩니다. 이것이 바로 기억을 잃은 삶이 죽음에 비유되는 실제 이유입니다.

30세 이후부터 우리 뇌에서는 매일 10만 개의 신경 세포가 죽어갑니다. 90세에 이르면 뇌의 용량이 30세 때와 비교해 20% 가까이 줄어듭니다. 특히 뇌세포의 감소는 대뇌피질과 해마, 소뇌피질, 중뇌와 같은 사고와 기억, 판단의 기능을 담당하는 영역과 소뇌처럼 운동 기능을 수행하는 곳에서 두드러지게 나타납니다. 그래서 나이가 들수록 기억력과 인지 능력 그리고 운동능력이 거의 동시에 떨어집니다.

노년에는 특히 일상적인 경험을 기억하는 일화기억이 약해집니다. 일화기억은 일상적인 경험과 관련된 일을 기억하는 것이어서 당장 자신이 하고 있는 일에 집중하는 능력이 필요한데 나이가 들면 주의력이 감소되어 집중하기가 힘듭니다. 여기에 고령이 되면 작업 기억의 정보 처리 용량과 유지 시간도 동시에 감소하기 때문에 노인들은 복잡한 과제를 기억하는 것을 힘들어합니다.

건강한 삶을 위해서는 마치 매일 운동을 하는 것처럼 지적 능력을 단련할 필요가 있습니다. 왼손 필사는 집중력과 기억력, 작업 기억을 단련할 수 있는 간단하고 효과 높은 방법입니다. 왼손 필사는 평생 젊은 두뇌를 유지하고 노년의 지적 위기에 효과적으로 대처할 수 있는 강력한 무기가 될 수 있습니다.

노년의 지적 위기를 극복한다

한줄기억 왼손 필사는 나이가 들면서 퇴화하는 것을 보완하기 위해서 우리 뇌가 선택하는 '에이징 효과(the effect of aging)'를 촉진합니다. 에이징 효과는 좌뇌와 우뇌를 동시에 활성화시킴으로써 뇌의 노화를 보완하는 놀라운 보상 기능입니다. 에이징 효과가 나타나는 노인들은 젊은 성인이 한쪽 뇌 반구만을 사용하는 인지 과제를 수행하기 위해서 양쪽 뇌 반구들을 동시에 사용합니다. 좌뇌와 우뇌의 대칭성을 높임으로써 약해지고 있는 인지 수행 능력을 높이는 셈입니다.

연구자들은 '에이징 효과'가 지적 수행이 떨어지는 것을 보완하기 위해 우리 뇌가 선택한 자구책이라고 여깁니다. 뇌가 더 나은 인지 능력을 발휘하기 위해서 스스로 좌뇌와 우뇌를 동시에 활성화시키는 지혜를 발휘하는 셈입니다. 이는 좌뇌와 우뇌의 공조를 통해서 노화로 신경 세포가 감소하여 약해진 좌뇌나 우뇌를 보완하고, 이를 통해 한쪽 뇌만으로 감당하기 힘든 인지 수행을 원활하게 하겠다는 우리 뇌의 전략입니다.

　실제로 에이징 효과가 나타나 양쪽 반구에서 지적 자원을 충원하는 노인들은 좌뇌와 우뇌 간 협동을 보여주지 못하는 노인들보다 복잡한 사고 능력이 필요한 과제를 훨씬 더 잘 수행합니다. 에이징 효과가 나타나는 노인들은 부담이 되는 지적 사고와 행동할 때 양쪽 반구를 동시에 활성화시킴으로써 문제를 원활하게 해결합니다. 높은 사고력을 가진 노인들은 그것을 지속적으로 유지하기 위해서 좌뇌와 우뇌 양쪽에 있는 자원을 활용합니다. 하지만 에이징 효과가 뇌에서 일어나지 않은 노인들은 현저하게 떨어진 사고 능력 때문에 여러 가지 문제를 해결하는 데 어려움을 겪습니다. 에이징 효과의 이점을 누리는 노인들은 학습과 언어 자료 기억 그리고 정보 처리 속도와 같은 모든 지적 작업에서 그렇지 않은 노인들보다 훨씬 더 나은 처리 능력을 보여줍니다.

　좌뇌와 우뇌 사이의 공조와 협응은 이처럼 더 나은 지적 사고와 행동을 할 수 있는 우리 뇌의 중요한 전략입니다. 복잡한 사고 능력이 필요한 과제를 수행하기 위해서 우리 뇌는 좌뇌와 우뇌를 동시에 활성화시킵니다. 특히 에이징 효과는 오른손잡이든 왼손잡이든 어떤 경우라도 좌뇌와 우뇌 양쪽 반구를 동시에 사용하는 것이 지적 과제 수행 능력에서 훨씬 더 유리하다는 점을 시사합니다.

　노년의 에이징 효과를 강화하기 위해서는 평소에 좌뇌와 우뇌를 자주 사용하고 연습할 필요가 있습니다. 오른손잡이는 왼손을 자주 사용하고 왼손잡이는 오른손을 자주 사용하는 연습을 하면 에이징 효과를 더욱더 촉진할 수 있습니다. 특히 오른손잡이의 왼손 필사는 평소에 우리가 할 수 있는 비우세 손과 비우세 뇌를 연습하는 아주 효과적인 방법입니다. 왼손으로 하는 한줄기억 왼손 필사는 언어를 매개로 좌뇌와 우뇌를 적극적으로 활성화시킴으로써 노년의 지적 활동을 촉진하는 튼튼한 기반을 다질 수 있게 합니다.

글쓰기 스타일로 치매 발병을 예측할 수 있다

노년의 지적 건강을 지키기 위해서는 어떤 글을 왼손 필사하고 어떤 글을 쓸 것인지를 신중하게 생각해야 합니다. 문체 혹은 글쓰기 스타일이 지적 능력과 건강을 지키는 데 핵심적인 역할을 하기 때문입니다.

어떤 글쓰기 스타일이 지적 능력과 건강을 유지하고 강화하는 데 도움을 줄 것인지를 보여준 아주 유명한 연구가 있습니다. '노화와 알츠하이머병에 관한 수녀 연구'입니다. 이 연구는 수도원에 들어가기 직전 20대에 쓴 자서전의 글쓰기 스타일과 60년 뒤 수녀들의 치매 발병이 아주 강한 상관관계를 갖는다는 결과를 내놓았습니다. 또한, 글쓰기 스타일이 지능과 수명과도 관계가 있다는 사실을 증명했습니다.

기억력과 사고력, 그리고 행동에서 심각한 문제를 일으키는 알츠하이머성 치매에 관한 하나의 통설에 따르면 85세 이상 사람들 가운데 두 명 중한 명은 이 병에 걸린다고 합니다. 어떤 사람은 알츠하이머병에 걸리고 다른 사람은 이 병을 피해갈까? 1986년 스노든의 연구팀은 이 질문에 대한 답을 구하기 위해서 생활조건이 같은 평균 나이 80세의 수도원 수녀 25명을 연구했습니다. 수녀들의 자서전을 분석하고, 사망 후 뇌를 부검하는 방식으로 알츠하이머성 치매 발병에 관해 조사를 진행했습니다.

연구 결과 수녀들은 '글쓰기 스타일'에서 완전히 달랐습니다. 알츠하이머성 치매가 발병한 수녀들은 비교적 '단순한 문장'을 썼지만, 그렇지 않은 수녀들은 자신들의 '복합적인 사고와 감정을 긴 문장으로도 이해하기 쉽게 표현했습니다.

치매가 발병한 수녀들이 쓴 '단순한 문장'은 주어와 술어가 하나인 비교적 짧은 문장을 말합니다. 예를 들어 '나는 매일 아침 운동을 한다' 정도 길이를 가진 문장입니다. 치매 증상이 나타나지 않은 수녀들의 '복합적인 사고와 감정을 이해하기 쉽게 쓴 문장'이란 문장이 길고 문법적으로 복잡하지만 이해하는 데 큰 어려움이 없는 문장을 말합니다. '매일 아침 눈을 뜨면 고향의 들녘이 떠오르는데, 어릴 적 누이와 그곳 푸른 보리밭을 뛰어다니며 놀던 기억이 한꺼번에 몰려올 때마다 나는 흐르는 눈물로 베개를 적시곤 했다'와 같은 감정 표현이 풍부하게 드러나는 긴 문장이 그런 예라고 할 수 있습니다.

연구 결과는 놀라웠습니다. 자서전과 사망 후 기증된 뇌의 부검 결과를 비교했더니 10명이 알츠하이머병의 소견을 보였는데, 그중 9명이 자서전 분석에서 문장의 정보량이 적었습니다. 짧고 단순한 문장을 썼던 수녀들이 알츠하이머병에 걸릴 확률이 90%에 달했습니다. 개념 밀도가 높고 문법적으로 복잡한 문장을 구사했던 수녀들은 뇌에서 이상 소견이 나타나지 않았습니다. 20대에 썼던 자서전의 문장을 검토하는 것만으로도 60년 뒤

단순한 문장보다 '복합적인 사고와 감정'을 표현하는 문장을 쓰면 치매예방에 도움이 된다.

알츠하이머병에 걸릴 사람과 그렇지 않은 사람을 구별해 낼 수 있었다는 이 연구는 학계와 언론의 큰 관심을 끌었습니다.

그런데 2009년에 더 놀라운 사실이 확인되었습니다. 다른 대학의 연구팀이 사망 후 기증된 수녀들의 뇌를 부검해보니 치매 증세가 거의 없었던 수녀들도 사실은 절반 가까이 알츠하이머성 치매의 발병과 밀접한 관련이 있는 신경섬유농축체를 가지고 있었음이 확인됐습니다. 이것을 '무증상 알츠하이머병'이라고 하는데, 실제로는 치매에 걸렸지만, 기억력 상실과 같은 인지적 증상이 전혀 나타나지 않은 경우를 말합니다.

정밀 분석 결과 치매 증상이 없었던 무증상 알츠하이머병 수녀들은 '해마' 신경 세포가 치매 일반적인 뇌의 신경 세포와 비교했을 때 최대 3배까지 컸습니다. 연구팀은 알츠하이머병 세포를 '스스로 치료'하는 과정에서 해마 신경 세포가 커졌다고 설명했습니다. 개념 밀도가 높은 문장으로 좀 더 복합적인 사고를 표현하며 자신의 글에 섬세한 정서까지 담아냈던 수녀들의 뇌는 알츠하이머성 치매의 공격에 맞서 생애 마지막까지 자신을 훌륭하게 방어하고 발병을 막아냈습니다.

'수녀 연구'의 결과는 현재 우리가 쓰고 있는 글의 스타일을 살펴보는 것만으로도 치매 발병 여부를 판단할 수 있다는 것이어서 놀라움과 기대감을 동시에 줍니다. 자신이 평소에 짧고 단순한 문장을 자주 쓰는 편인지, 아니면 길고 복잡하면서도 이해하기 쉬운 글을 자주 쓰고 있는지만 봐도 수십 년 뒤에 치매에 걸릴지 여부를 알 수 있기 때문입니다. 지금 바로 여러분이 썼던 글이나 일기장을 펼쳐 문장의 길이와 감정 표현의 정도를 확인해보시길 바랍니다. 그리고 문장이 짧고 단순하다면 오늘부터 당장 새로운 글쓰기 스타일을 익히기 위한 왼손 필사를 시작해야 합니다.

왼손 필사로
치매에 강한 글쓰기를 훈련한다

심리학자 트레이시 앨러웨이는 좋은 작업 기억에는 알츠하이머병을 이겨낼 힘이 있다고 말합니다. 새로운 것을 배우면 뇌 신경 세포가 커지기 때문에 학습이야말로 스스로를 치료할 수 있는 힘을 키우는 방법이라고 말합니다.

복잡한 문장을 구사하는 능력이나, 이미 쓴 문장을 기억하면서 새로운 문장을 완성하는 능력은 모두 좋은 작업 기억이 관여하는 일입니다. 나쁜 작업 기억은 복잡한 문법 구문을 사용하는 능력을 떨어뜨리며 언어 능력 감소로 이어집니다. 따라서 작업 기억을 강화하는 한줄기억 왼손 필사를 꾸준히 한다면 노년의 지적 위기를 이겨낼 힘을 한층 더 키울 수 있습니다.

지금부터라도 정보량이 많은 구체적인 문장으로 자신의 감정을 풍부하게 드러내면서도 긍정적인 표현이 많은 글을 매일 왼손 필사한다면 치매와 같은 자기 삶의 모든 기억을 송두리째 잃고 마는 무서운 질병을 예방할 수 있을까요? 이 질문에 대한 대답은 비교적 긍정적입니다. 연구자들은 지적 자극이 강한 글쓰기를 꾸준히 계속한다면 치매의 인지적 증상을 예방하는 데 큰 도움을 준다고 말합니다. 실제로 알츠하이머 환자들에게 작업 기억 강화 프로그램을 시행한 결과 환자들의 전반적인 단어 유창성이 향상되었다는 연구들이 많습니다.

노년의 정신 건강을 위해서는 '구체적인 단어를 사용해 더 많은 정보를 제공하는 문장', '적극적인 정서적 표현을 드러내는 문장'을 정성껏 필사하면서 작업 기억을 단련해야 합니다. 이러한 문장들을 구사하기 위해서는 특히 어휘력이 풍부하고 독해력이 좋아야 합니다. 그래서 한줄기억 왼손 필사를 하면서 어휘력을 늘리고 문장력을 기르는 것이 중요합니다.

왼손 필사는 독서력을 강화하는 가장 빠르고 확실한 방법이며, 어휘력과 문장 이해력, 기억력을 한꺼번에 개선할 수 있는 아주 좋은 문장력 강화 훈련입니다. 언어 능력과 작업 기억을 강화하는 한줄기억 왼손 필사를 지속적으로 수행한다면 평생 젊고 건강한 두뇌를 유지할 강력한 힘을 기를 수 있습니다.

정보량이 많고 감정 표현을 풍부한 글을 써야 지적 능력을 높이고 치매를 예방하는 데 도움이 된다는 '수녀 연구'의 결과를 고려하여 한줄기억 왼손 필사를 할 때는 두 가지 사항에 더 주의를 기울일 필요가 있습니다.

첫째, 왼손 필사할 책을 선택할 때 지나치게 짧은 문장으로 된 것보다는 조금 문장이 긴 것을 선택하는 게 좋습니다. 대화가 너무 많은 소설을 피하는 것도 한 가지 방법입니다. 하지만 불가피하게 대화가 많다거나 단문 위주의 문장이 계속될 때에는 두 개 내지 세 개의 대화나 문장을 한꺼번에 필사하는 것도 한줄기억 왼손 필사를 더 강도 높게 하는 방법이 될 수 있습니다. 실제로 해보면, 같은 길이의 장문을 암송하는 것보다 단문 두 개를 암송해서 필사하는 게 더 어렵다는 사실을 확인할 때가 있습니다.

둘째, 풍부한 감정 표현을 연습하기 위해서 한줄기억 왼손 필사를 할 때 '감정 이입'을 더욱더 강화할 필요가 있습니다. 필사할 문장을 관찰하고 암송을 위해 오감 이미지를 만들 때 훨씬 강하게 '감정 이입'을 하도록 해야 합니다. 이러한 노력은 글쓰기를 하면서 감정 표현을 적극적으로 사용하는 것과 유사한 효과를 이끌어냅니다. 문장의 어휘와 표현, 상황에 더욱더 적극적인 감정 이입을 하면 필사하는 사람의 감정을 자극하고 감성을 풍부하게 하는 데 큰 도움이 됩니다.

왼손 필사는
'해마'를 키우는 가장 좋은 방법

　'수녀 연구'에서 특별한 주목을 받은 것은 치매 발병을 억제했던 수녀들의 해마가 보통 사람들의 것에 비교해 최고 세 배까지 컸다는 점입니다. 알츠하이머병에 맞서 스스로를 치료하는 과정에서 수녀들의 해마 신경 세포가 증가했기 때문입니다. 해마 신경 세포가 스스로를 키워 해마에서 발생하는 치매 원인 물질을 억제함으로써 인지 기능을 유지했다는 얘기입니다. 게다가 수녀들의 해마 신경 세포는 90대에도 크기가 증가했고, 일부 수녀의 경우는 100세를 넘은 뒤에도 커졌다고 합니다. 뇌는 나이에 상관없이 치매를 막는 강력한 요구에 적극적으로 반응했습니다.

　학습과 독서, 교육은 해마를 성장시키는 가장 좋은 방법입니다. 학습으로 성장한 해마 신경 세포를 실험을 통해 확인한 연구들은 적지 않습니다. 그 가운데 런던 택시기사 면허시험 응시자들에 관한 연구가 아주 유명합니다. 런던의 신경학자들은 면허시험에 응시하려는 남성 택시기사 79명을 대상으로 3~4년 후 해마의 성장을 조사했습니다. 연구 결과 면허시험

교육을 받은 뒤 시험에 합격한 사람들은 해마의 회색질이 두드러지게 증대되었습니다.

런던 시내 주요 도로 2만 5천 개를 외우고, 수천 개의 광장을 머릿속에 집어넣는 힘든 교육 과정을 일주일에 34.5시간씩 수행한 사람들에게서 해마 신경 세포의 성장이 확인됐습니다. 일주일에 34.5시간은 하루 5시간 정도의 학습량입니다. 매일 5시간씩 교육을 받고 학습에 전념한 운전기사들이 3~4년이 지나서 확인해 보니 해마가 커졌다는 얘기입니다. 이 연구는 마치 근육처럼 우리의 뇌를 꾸준히 사용하면 신경 세포가 잘 발달하고, 사용하지 않으면 결국 쇠퇴한다는 사실을 보여주는 유명한 사례입니다.[53]

해마를 키우기 위해서는 '새로운 정보'를 학습하는 것이 아주 중요합니다. 연구자들이 면허증이 있는 런던의 택시기사 18명과 버스기사 17명을 비교 조사했을 때, 오직 택시기사들에게서만 해마의 성장이 확인됐습니다. 런던의 복잡한 도로망을 운행하는 것은 같았지만, 버스기사들은 정해진 노선만 운행하면 되었던 탓에 택시기사처럼 특별한 장소에 대한 지식이 필요하지 않았습니다. 따라서 택시기사처럼 몇 년에 걸친 교통 정보에 관한 숙지 연습이 불필요했던 게 해마가 증가하지 않았던 이유였습니다.[54] 해마가 성장하는 데에는 지속적으로 새로운 정보를 학습하는 게 가장 중요했습니다. 그리고 일단 성장한 해마는 학습 과정이 끝난 뒤에도 유지되었다고 합니다.

또 다른 연구에서도 '전혀 다른 것', 또는 '전혀 새로운 것'을 학습하거나 '비일상적인 연상'과 '익숙하지 않은 것'을 연결하는 것이 치매를 지연시키는 데 가장 효과가 좋은 방법임을 발견했습니다. 서로 다른 것들을 결합시켜서 하나의 이야기로 만드는 것도 큰 도움을 준다고 합니다. 뇌는 무엇이라도 연상·결합할 수 있는 능력이 있습니다. 비행기와 기린을 연결하기 위해 기린을 비행기에 태우는 이야기를 구성하는 것도 좋은 예입니다. 이런 '낯선 것'이나 '새로운 것'을 학습하거나 '비일상적인 연상'과 '익숙하지 않은 사물'을 연결해 이야기로 구성하는 연습은 뇌의 퇴화에 맞서 싸울 때 최상의 효과를 나타냅니다.

바로 이러한 뇌의 특징이 작업 기억과 관련돼 있다는 사실을 우리는 알고 있습니다. 새로운 정보와 내 머릿속의 장기기억을 연결해서 새로운 정보를 이해하는 것이야말로 작업 기억의 기능입니다. 새로운 것을 반복해서 학습하게 되면 뇌의 작업 기억을 강화하고 해마를 키울 수 있습니다. 젊은이는 물론 중년과 고령자들 역시 학습을 통해서 뇌를 성장시키고 해마를 키울 수 있습니다. 뇌의 학습 능력에는 나이 제한이 없다는 사실은 이미 많은 연구들이 입증된 사실입니다

새로운 어휘와 표현, 문장을 암송하고 옮겨 적으면서 새로운 언어시퀀스를 축적하는 한줄기억 왼손 필사는 기억력과 집중력, 작업 기억을 단련할 해마를 강화하는 쉽고 강력한 학습 방법입니다. 특히 오른손잡이의 왼손 필사는 해마와 함께 좌뇌와 우뇌를 연결하는 뇌량을 동시에 단련 수 있는 아주 간단하면서도 효과적인 방법입니다. 한줄기억 왼손 필사는 노년의 지적 건강을 지킬 수 있는 저비용·고효율의 두뇌 훈련입니다.

해마를 키우기 위해서는 '새로운 정보'를

학습하는 것이 아주 중요하다.

여성이 왼손 필사를 꼭 해야 하는 이유

한줄기억 왼손 필사는 특히 여성들에게 노년의 지적 위기에 맞설 수 있는 강력한 무기를 제공합니다. 왼손 필사가 더 나은 기억력과 정서적 안정감을 유지하는 데 도움을 줄 수 있기 때문입니다.

미국 알츠하이머학회가 발표한 미국의 65세 이상 성인 남녀에 관한 연구를 보면, 여성은 치매와 우울증 유병률이 남성보다 2배 이상 높았고, 남은 생애에서 여성은 6명에 한 명, 남성은 11명에 한 명꼴로 치매가 나타날 수 있다고 합니다. 그 이유가 여성이 남성보다 불안과 충동에 연관된 뇌 영역의 움직임이 지나치게 활발하기 때문인데, 여성은 휴식할 때나 집중할 때조차도 불안이나 충동과 관련이 있는 뇌 영역의 활동량이 남성보다 많다고 합니다.

집중력을 떨어뜨리고 기억장애를 일으키는 우울증 역시 여성이 남성보다 2배나 유병률이 높은데, 임신 및 산후 후유증이나 갱년기와 완경기 등의 영향이 복합적으로 작용하는 탓에 30~40대 여성에게서 우울증 환자가 많다고 합니다. 여성의 호르몬 변화도 기억력에 직접적인 영향을 준다고 합니다. 특히 50대 여성에서 나타나는 갱년기에는 여성호르몬인 에스트로겐 생성이 크게 줄어드는데, 기억력에 직접적인 영향을 주는 에스트로겐의 감소로 기억장애가 나타난다고 합니다.

행복하다고 느낄 때 생성되는 세로토닌의 합성률이 남자보다 낮은 것도 우울증 유병률이 높은 원인으로 꼽습니다. 여성은 남성보다 세로토닌 합성률이 52% 낮고, 또 세로토닌 전구물질인 트립토판이 부족한 여성은 세로토닌 합성이 남성보다 4배나 감소합니다. 따라서 여성은 스트레스에 더욱 취약하고 우울과 불안감이 높다고 합니다.

실제로 많은 50대 초반의 여성들이 기억력이 떨어지는 것 때문에 심각하게 고민합니다. 많은 여성들이 기억력 감퇴를 걱정하면서 치매 발병을 섬각하게 우려합니다. 대학에서 교직원으로 일하는 50대 여성도 기억력이 예전 같지 않고 잊어버리는 게 많아 젊은 동료들에게 자꾸 업무를 의지하게 된다며 고민을 털어놓은 적이 있습니다. 외국어 공부를 좋아해서 매일 영어 회화 수업을 받던 여성도 기억력 감퇴를 걱정했습니다. 월요일마다 주말에 있었던 특별한 일들을 얘기해보라는 강사의 말에 주말에 자신이 무엇을 했는지가 바로 떠오르지 않아 긴장하는 때가 많다고 했습니다. 기억력이 자꾸만 떨어져서 이러다 혹시 치매에 걸리는 것은 아닐까 걱정된다는 얘기도 들려줬습니다. 이런 여성들이 실제로 아주 많습니다.

한줄기억 왼손 필사는 여성들이 기억력과 더 나은 지적 능력을 단련하는 데 큰 도움을 줄 수 있습니다. 한줄기억 왼손 필사는 기억력과 집중력, 작업 기억을 강화하는 아주 간단하면서도 확실한 방법입니다. 특히 빠른 속도로 기억력을 회복시켜 주기 때문에 자신감을 되찾는 데 효과적입니다. 여성들이 왼손 필사로 시를 필사하거나 암송하고 영어를 공부한다면 빠르게 기억력과 집중력을 회복하고, 해마를 건강하게 키울 수 있습니다. 한줄기억 왼손 필사로 기억력과 집중력, 작업 기억이 좋아지면 일상생활에서도 큰 활력을 되찾을 수 있습니다.

특히 정서적 안정감을 찾는 데 왼손 필사가 아주 효과적이라는 점도 여성들에게 의미가 있습니다. 선비들이 서예를 했던 것처럼 차분하게 앉아서 글씨를 쓰면 마음을 안정시키고 자신감을 회복하는 데 큰 도움이 됩니다. 앞서 소개한 대학 강사인 L 씨의 사례와 대학생 A 씨의 사례를 보면 왼손 필사가 집중력과 작업 기억을 강화해 긴장과 불안을 낮추고 정서적 안정을 가져온다는 사실을 알 수 있습니다. 대학생 A 씨는 왼손 필사 시작을 기점으로 확실하게 집중력이 좋아지고 감정조절이 잘 되었으며 우울과 불안감이 줄어들었다고 말했습니다. 대학강사 L 씨는 물론 저 역시도 왼손 필사를 한 이후 집중력이 좋아지고 감정조절 능력이 강해졌다는 걸 경험했습니다. 여성들이 한줄기억 왼손 필사를 한다면 기억력과 집중력을 강화함과 동시에 지나친 긴장이나 불안감을 해소하고 정서적 안정감을 되찾는 데 큰 도움이 되리라 생각합니다.

사실 여성은 남성보다 신체적으로나 정신적으로 더 진화한 몸과 마음을 가졌다는 게 진화생물학자들의 견해입니다. 여성은 면역 체계가 강하고, 노화의 진행이 느리며, 기대 수명도 높아 남성보다도 훨씬 더 오래 삽니다.

언어 능력도 여성이 남성보다 훨씬 뛰어납니다. 여자 어린이들은 남자

어린이들보다 말하기와 글쓰기에서 훨씬 더 앞서갑니다. 여성과 남성의 하루 어휘 사용량을 연구한 결과를 보면, 여자는 하루에 2만 개 단어를 사용하는 반면에 남자는 7천여 개 단어를 쓰곤 합니다. 여자가 남자보다 세 배나 더 많은 어휘를 사용한다고 합니다. 그만큼 뇌의 지적인 활동량이 많다는 얘기입니다.

여성은 또 좌뇌와 우뇌를 연결하는 뇌량이 남성보다 10% 정도 크기 때문에 여러 가지 이점을 갖습니다. 뇌량이 커서 좌뇌와 우뇌의 정보교환이 빠르기 때문에 여성은 TV를 보면서 전화를 받고 잡지까지 읽으며, 대화를 나눌 수도 있습니다. 하지만 뇌량이 상대적으로 작은 남자는 그게 잘 안 됩니다. 뇌량이 크기 때문에 왼손 필사의 글씨체도 남성보다 훨씬 더 좋으며, 왼손 필사에 적응하는 것도 빠릅니다.

이처럼 뛰어난 지적 조건을 갖추고 있음에도 기억력 약화와 높은 치매 유병률, 우울증으로 불행한 노년을 보낸다면 정말 안타까운 일입니다. 기억력을 회복하고 우울증을 다스리며 치매를 예방할 수 있다면 여성들은 자신들이 가진 지적 역량을 마음껏 발휘할 수 있으리라 생각합니다. 왼손 필사는 여성들의 지적 능력을 회복시켜서 사회생활에서도 더욱더 두각을 나타낼 수 있도록 도울 수 있습니다. 탁월한 지적 능력을 지속적으로 유지하고 강화하려면 여성들은 한줄기억 왼손 필사를 하는 게 꼭 필요합니다.

왼손 필사로 치매 걱정을 물리친다

40대 후반 여성으로 공직 생활을 하는 S 씨는 한줄기억 왼손 필사로 치매에 대한 걱정과 불안을 이겨낸 아주 좋은 사례입니다. S 씨는 업무에 관련된 정보를 기억하는 게 점점 힘들어지고 업무 관련 자료를 깜박하고 놓고 오거나 약속을 잊고 지키지 못하는 일이 잦았다고 합니다. 상사나 직장 동료가 했던 말이 떠오르지 않아 당황했던 일도 많았습니다. 독서 모임도 하면서 꾸준히 책을 가까이 해왔던 터라 기억력이나 집중력에는 자신이 있었는데 그런 일들이 빈발하자 S 씨는 몹시 불안해지기 시작했습니다. 자신이 벌써 치매에 걸린 것은 아닐까 하고 걱정돼 병원에 가볼 생각을 한 적도 있었다고 했습니다.

S 씨에게 한줄기억 왼손 필사의 효과에 관해서 설명했더니 아주 반가워했습니다. 평소 글쓰기에 관심이 많은 S 씨에게 시를 왼손 필사하면서 외워 보라고 조언했습니다. 시를 외워 보면 얼마나 기억할 수 있는지를 쉽게 가늠할 수 있어서 기억력이 나아지는 것을 언제든지 확인할 수 있을 거라

고 말해주었습니다. 그렇게 기억력이 좋아지고 있다는 사실을 알게 되면 필사를 훨씬 더 지속적으로 할 수 있다고 얘기했습니다. 한줄기억 왼손 필사를 하는 방법도 자세하게 설명해주었습니다.

S 씨는 그날 저녁부터 시 한 편씩을 암송해서 필사했습니다. 오랫동안 손을 놓고 있던 일기도 다시 쓰기 시작했습니다. 처음 암송해서 필사한 시가 김남조 시인의 〈편지〉였습니다. 그런데 처음에는 시를 외우는 게 정말 어려웠다고 합니다. 한두 번 왼손 필사해서는 외울 수 없었습니다. 그래도 실망하지 않고 마음을 다잡고 열심히 했습니다. 왼손 필사로 열 번 정도 쓰면서 외웠더니 시가 기억나고 떠오르기 시작했습니다.

S 씨는 그렇게 매일매일 하루 한 편씩 시를 필사하고 암송했습니다. 시를 왼손 필사해서 외우고 일기까지 쓰는데 한 시간 내지 한 시간 반 정도가 걸렸다고 합니다. 물론 시 암송에 걸리는 시간은 점점 더 짧아졌습니다. 한 달 보름 정도 지나고 나면서 왼손 필사로 세 번 정도 쓰면 시 한 편을 외울 수 있게 되었다고 합니다. S 씨는 스스로 자신의 기억력이 좋아졌다는 걸 확인할 수 있었습니다.

시를 외우고 기억하는 능력이 좋아지면서 S 씨는 일상생활에서 활력을 되찾았습니다. 무엇보다 치매가 아닐까 불안했었는데 그게 아니라는 사실을 확인해서 정말 안심이 되었다고 합니다. 그리고 왼손 필사로 매일 꾸준히 훈련하면 좋은 기억력을 얼마든지 유지할 수 있다는 것을 알게 되었다고 합니다. "내가 이러다 치매에 걸리는 게 아닐까? 그게 제일 걱정되고 불안했습니다. 그런데 왼손 필사를 하면서 그게 아니라는 사실을 알고 얼마나 마음을 놓았는지 모릅니다. 계획을 세워서 연습하면 될 것을 지레 겁

먹고 놀랐습니다."

　S 씨는 업무와 대인 관계에서도 자신감을 회복했습니다. 처음 한줄기억 왼손 필사를 시작한 지 두 달 정도 지나 이야기를 나누었을 때 전과 달리 활기가 넘쳤습니다. 입원 환자처럼 축 늘어졌던 목소리에 생기가 넘쳤습니다. 기억력과 작업 기억이 개선되면서 자신감을 되찾았습니다. 한줄기억 왼손 필사는 두 달 만에 S 씨를 새로운 모습으로 바꿔놓았습니다.

왼손 필사는 '안티에이징' 글쓰기이다

한줄기억 왼손 필사는 우리 뇌의 전두엽을 자극해서 사고와 행동, 감정을 조절하는 작업 기억을 강화하며, 정서 장애를 막고 인지 기능을 활성화시킵니다. 또한, 어휘력과 독서력을 강화해 문장의 개념 밀도를 높이고 치매를 막는데 결정적인 역할을 할 수 있습니다. 왼손 필사로 글을 쓸 수 있는 문장력을 갖춘 뒤에는 치매를 예방하고 노년의 지적 건강함을 유지할 수 있는 글쓰기 스타일로 직접 글을 써보는 것이 좋습니다.

건강한 노년을 위한 '안티에이징 글쓰기(Anti-aging Writing Style)'는 네 가지 핵심 원칙을 포함하고 있습니다. 첫째, 문장에서 정보량이 많은 구체적인 글을 씁니다. 둘째, 짧고 단순한 문장보다는 문법적으로 복잡하면서도 이해하기 쉬운 긴 문장을 적절하게 활용합니다. 셋째, 감정을 드러내는 정서적인 표현을 적극적으로 사용합니다. 넷째, 자신과 세계에 관한 긍정적인 삶의 태도가 글로 표현될 수 있도록 합니다.

네 가지 원칙을 지켜서 안티에이징 글쓰기를 하는 요령은 다음과 같습니다.

첫째 - 구체적인 어휘를 사용하라

정보량이 많은 문장을 쓰려면 정보를 제공하는 구체적인 어휘를 써야합니다. 예를 들어, 필요한 경우를 제외하고는 '그것, 이것, 저것' 등의 대명사를 가급적 자제하고 '학교, 집, 고양이'처럼 지시하려고 하는 대상을 분명하게 쓰도록 해야 합니다. '～에 의한'이나 '～에 대한'과 같은 실질적인 정보를 담지 않은 표현도 피해야 합니다. 글을 쓸 때마다 의식적으로 구체적이고 정확한 정보를 담은 글쓰기를 고려하자는 얘기입니다.

둘째 - 복합 문장을 써라

길면서도 이해하기 쉬운 문장이란 한 문장 안에 다른 명제를 포함하거나, 두 명제가 선후, 동시 동작, 원인과 이유, 대조의 관계로 연결된 복합적인 문장을 말합니다. 간단히 말하면 복문을 자주 쓰자는 것입니다.[30] 복문을 기본으로 해서 여기에 더욱더 풍부한 어휘와 개념의 살을 붙여야 합니다.

그렇다고 짧은 문장을 글에서 완전히 배제할 필요는 없습니다. 짧은 문장도 나름의 역할이 있습니다. 핵심 정보를 압축한 짧은 문장은 의미를 명쾌하게 전달하고자 할 때 유용하며, 글의 흐름을 자연스럽게 만들거나 경쾌한 리듬을 주기도 합니다. 그러니 무조건 배제한다면 좋은 글이 쓸 수 없습니다. 다만 지나치게 짧고 단순한 문장만으로 글을 구성하는 습관을 되도록 자제하자는 얘기입니다. 짧은 문장과 긴 문장을 적절하게 섞어서 쓰는 요령이 필요합니다.

소설가 최옥정 씨는 그의 책 《소설 수업》에서 단문 2개와 장문 한 개를 이어서 쓰는 '단단장' 글쓰기를 조언합니다. '단단장'으로 문장 길이를 조절하면 인간의 호흡과 리듬에 아주 잘 맞는 글을 쓸 수 있다고 합니다.[61]

셋째 – 형용사와 부사를 즐겨 써라

감정을 드러내는 정서적인 표현을 적극적으로 사용해서 글을 쓰려면 '기쁘다', '슬프다', '반갑다'처럼 형용사를 쓰거나 '정말', '훨씬', '아주', '살 갑게', '저절로' 등과 같이 형용사와 동사를 강조하는 부사를 적극적으로 사용해야 합니다. 형용사와 부사를 사용하면 글을 쓰는 사람의 행동과 태도에서 드러나는 감정을 잘 나타내면서 정보량을 늘릴 수 있습니다. 하지만 형용사와 부사를 지나치게 많이 사용하면 읽기가 어려워지고 전달력이 떨어지는 부작용이 있습니다.[62] 이런 점을 보완하려면 형용사와 부사를 절제하고 감정과 분위기를 선명하게 드러낼 수 있는 수사법을 사용해야 합니다. 은유법과 환유법, 의인법과 같은 여러 가지 수사법을 활용해 문장을 구성하는 것이 필요합니다.

넷째 – 긍정적인 가치관을 가져라

자신과 세계에 관한 긍정적인 삶의 태도가 글로 드러나려면 당연히 글을 쓰는 이가 낙관적인 가치관과 세계관을 가져야 합니다. 노년의 지적 위기에 맞서는 안티에이징 글쓰기를 위해서는 우선 자신의 가치관을 좀 더 긍정적으로 변화시킬 필요가 있습니다.

사실 이 문제는 한줄기억 왼손 필사를 꾸준히 하면 자연스럽게 해결할 수 있습니다. 왼손 필사가 우리 삶을 좀 더 긍정적이고 낙관적으로 바꿔주기 때문입니다. 왼손 필사로 작업 기억이 좋아지면 사람들은 변화된 환경에 잘 적응하며 긍정적인 삶의 자세를 갖게 됩니다. 작업 기억이 좋아지는 만큼 외부 환경에서 오는 스트레스를 견딜 힘이 강해지기 때문입니다.

　실제로 왼손 필사를 꾸준히 한 사람들은 정서적 안정감을 찾고 활기 넘치는 생활 태도를 보여줍니다. 많은 사람이 왼손 필사로 자신이 가진 놀라운 능력을 깨닫고 자신감을 가지게 되었으며 그 결과 일상생활과 학업, 자신의 직장 업무에서도 긍정적인 변화들이 나타났습니다. 왼손 필사가 안티에이징 글쓰기를 위한 가장 핵심적인 자원을 제공하는 셈입니다.

　'안티에이징 글쓰기'는 치매에 맞서기 위한 능동적이고 긍정적인 글쓰기입니다. 지적 능력을 평생 젊고 건강하게 유지하기 위해서는 글쓰기 역시 활력이 넘치며 즐겁고 행복한 일이 되어야 합니다. 글을 쓰는 것이 재미있어야 중단하지 않고 계속할 수 있으며, 그럴 때 비로소 강력한 효과를 기대할 수 있습니다.

　'안티에이징 글쓰기'는 우선 일기나 자서전과 같은 사적인 글쓰기에 우선 적용해볼 수 있습니다. 매일 일기를 쓸 때나 자신의 인생을 회고하는 자서전을 쓸 때는 안티에이징 글쓰기의 스타일을 얼마든지 활용할 수 있습니다. 우리 뇌는 과거의 일들을 회상할 때 긍정적인 측면을 부각해서 떠올리는 특성이 있으므로 자서전을 쓰면 자신의 인생에서 여러 가지 긍정적인 깨달음을 발견하는 데도 큰 도움이 되리라 생각합니다.

스마트 필사

노트북과
스마트폰으로 하기

　지식 생산을 위한 도구가 바뀌면 습관을 형성하는 뇌 신경 세포의 활성화 경로도 달라집니다. 우리는 컴퓨터 키보드로 글을 쓰고 전자책을 읽는 시대를 살고 있습니다. 뇌는 이미 컴퓨터 키보드를 두드리며 상상하고 이야기를 생산하는 새로운 신경회로를 만들어내 적응했습니다. 키보드를 두드리지 않으면 아무것도 쓸 수 없는 디지털 글쓰기 세대가 된 지 오래입니다. 만년필로 소설을 썼던 많은 작가가 이제는 컴퓨터 앞에 앉아서 키보드를 두드리며 작품을 씁니다. 시인들도 이제는 키보드를 두드리며 시를 씁니다. 심지어 디지털화된 글쓰기 세대조차 '한글세대'와 'MS워드 세대'로 나눠집니다. 새로운 도구는 새로운 뇌의 신경 회로를 만들어냅니다. 우리는 이미 디지털화된 도구로 쓰고, 그리며, 상상하는 세계에 살고 있습니다.

필기구로 하는 손글씨 필사와 함께 이제 우리에게는 디지털화된 사무 환경에서 할 수 있는 '디지털 필사'가 필요합니다. 컴퓨터와 스마트폰으로 하는 '스마트 타이핑'은 그 대안들 가운데 하나입니다. 스마트 타이핑을 하면 디지털 기기의 이점을 100% 살리면서 한줄기억 왼손 필사의 효과를 극대화할 수 있습니다. 스마트 타이핑은 디지털 필사와 아날로그 필사의 장점을 결합해 시너지 효과를 거두는 최선의 방법입니다.

1. 스마트 타이핑 – 시선을 화면으로 옮기는 게 핵심!

노트북이나 스마트폰으로 하는 '스마트 타이핑'은 디지털 사무환경에서 한줄기억 왼손 필사를 하는 방법입니다. 스마트 타이핑은 '시선을 화면으로 옮기는 것'이 핵심입니다. 문장을 소리 내 읽고 관찰한 뒤, 오감 이미지를 구성해 암송하고, 이어 데스크톱이나 랩톱 컴퓨터 화면으로 '시선을 완전히 옮겨' 타이핑 하면 됩니다. 문장을 기억한 뒤 자료에서 시선을 떼고 데스크톱이나 랩톱 컴퓨터의 화면을 보면서 필사를 하는 것이 핵심입니다. 필사할 문장에서 눈을 뗄 때 화면을 보고 타이핑을 해야 작업 기억을 단련하여 필사의 효과를 거둘 수가 있습니다. 이렇게 하면 컴퓨터로 문서를 작성하는 사무환경에서도 얼마든지 필사를 할 수 있습니다. 필사하는 책에서 눈을 떼고 화면을 보면서 키보드로 타이핑을 하는 동안 우리 뇌는 필사할 문장과 시각 이미지를 계속해서 기억하고 있어야 하기 때문에 스마트 필사로 작업 기억을 단련하는 데 아무런 문제가 없습니다.

스마트 타이핑에서도 한 문장을 필사한 뒤 이를 원래 문장과 대조해 오타를 수정하는 등 틀린 문장을 고치는 작업이 아주 중요합니다. 스마트 타이핑 역시 기억하고 이미지와 결합해서 필사를 하다 보니 잘못 옮기는 단어나 구절이 많이 나옵니다. 이럴 때마다 반드시 고친 뒤 본래 문장에 있는 어휘와 표현을 확인해야 합니다. 그래야 여러 차례 퇴고를 거친 작가의 탁월한 문장과 어휘를 내 것으로 만들 수 있습니다.

필사할 문장의 단어와 구절이 생각나지 않을 때, 자신이 가진 언어로 생각나지 않는 단어와 표현을 지어내 문장을 완성하는 것도 손글씨 필사와 마찬가지입니다. 스마트 타이핑은 손글씨와 비교할 때 시간이 비교적 적게 걸립니다. 익숙해지면 키보드 타이핑 속도가 손글씨 속도보다 훨씬 더 빠르기 때문입니다. 그래서 오타나 생각나지 않는 구절이 손글씨보다 상대적으로 적습니다. 스마트 타이핑 역시 이렇게 다섯 단계의 과정을 철저하게 지킴으로써 한줄기억 왼손 필사에 버금가는 효과를 거둘 수 있습니다.

앞서도 언급했지만, 스마트 타이핑할 때는 자료에서 눈을 떼고 타이핑하는 게 무엇보다 중요합니다. 일단 소리 내 읽고 짧은 시간에 문장을 기억한 뒤에는 반드시 '시선을 화면으로' 옮겨야만 합니다. 그래야 필사의 효과를 얻을 수 있습니다. 스마트 타이핑을 하면 필요한 일상 업무나 과제를 하면서 동시에 리터러시를 개선하고 작업 기억을 단련하는 등 다양하고 강력한 필사의 효과를 한꺼번에 얻을 수 있습니다. 스마트 타이핑은 일상적인 디지털 사무환경에서 업무를 하면서 자기 계발도 할 수 있는 최적의 필사 방법입니다.

2. 약식 스마트 타이핑을 자주하라

만약 빠른 시간 안에 자료를 모아야만 하는 업무가 있다면 '약식 스마트 타이핑'을 고려할 수 있습니다. 학교에 제출할 리포트가 있거나 회사에 낼 기획 보고서를 작성할 때, 혹은 자신이 좋아하는 주제로 책을 쓰고자 할 때 우리는 빠른 시간 안에 많은 양의 자료를 수집하고 정리해야만 해야만 합니다. 이런 경우 흔히들 단순한 타이핑으로 자료를 모으게 됩니다. 계속 자료를 보면서 타이핑을 합니다. 사실 자료에서 눈을 떼지 않고 타이핑을 하다 보면 가끔 시간 낭비라는 생각이 들기조차 합니다. 차라리 스캐너로 한꺼번에 자료를 문서 작성기에 옮겼으면 하는 생각마저 듭니다. 이럴 때 '약식' 스마트 타이핑을 하면 좋습니다.

약식 스마트 타이핑은 한줄기억 왼손 필사의 절차를 따르되 긴 문장 구절을 '짧게 끊어서 기억'하고 '시각 이미지 구성을 생략'합니다. 필사의 2단계 전체와 4단계 일부를 하지 않는 셈입니다. 긴 문장을 짧게 끊어서 기억하는 이유는 작업 기억의 부담을 줄이고 타이핑의 속도를 빠르게 유지할 수 있기 때문입니다.

약식 스마트 타이핑으로 문장을 짧게 끊어서 외울 때는 3~5개 의미 단위로 나누어 외우는 게 좋습니다.

예를 들면, '이마를 들이받는 기세로 미륵산이 시야 가득히 달려왔다'는 문장을 약식 스마트 타이핑할 때는 서로 다른 정보를 가진 의미 단위로 문장을 나누는 것이 좋습니다.

① 이마를 들이받는 기세로
② 미륵산이

약식 스마트 타이핑을 하면 타이핑 속도를 비교적 빠르게 유지하면서도 한줄기억 왼손 필사의 효과를 볼 수 있습니다. 짧은 시간 안에 많은 자료를 모아야 할 때는 이렇게 약식 스마트 타이핑을 하는 게 좋습니다. 문장을 짧게 끊어서 기억할 용량을 줄이고, 시각 이미지를 구성하는 시간을 생략하면 우리는 필사와 함께 업무에 필요한 자료 정리를 동시에 할 수 있습니다.

약식 스마트 타이핑을 할 때는 머리 회전이 여느 때보다 아주 빨라진다는 것을 실감합니다. 동시에 기억력과 작업 기억을 단련하는 필사의 효과도 제대로 유지할 수 있습니다. 약식 스마트 타이핑은 일상적인 업무 환경에서 효율적으로 필사를 하는 아주 좋은 방법입니다.

한줄기억 왼손 필사를 할 때는 이처럼 스마트 타이핑이나 약식 스마트 타이핑과 함께 손글씨 필사를 병행하도록 합니다. 필기도구를 사용하는 손글씨 한줄기억 왼손 필사는 지식 생산의 양적인 면과 속도에서 디지털 기기를 사용하는 스마트 타이핑에 미치지 못하지만, 뇌를 자극하고 기억력을 증진하며, 작업 기억을 단련하는 데에는 스마트 타이핑을 훨씬 더 능가하는 힘을 가지고 있습니다. 따라서 손글씨 필사와 스마트 타이핑은 병행하는 것이 더 나은 결과를 가져옵니다.

3. 스마트 타이핑은 속도가 빠르고 오탈자가 적다

스마트 타이핑은 필사할 때 오탈자 수가 비교적 적습니다. 그 이유는 작업 기억이 유지되는 적정 시간 안에 손글씨보다 빠른 속도로 필사할 수 있기 때문입니다. 앞서 예로 들었던 소설 문장으로 한줄기억 왼손 필사를 해서 오른손 필사와 왼손 필사 그리고 스마트 타이핑에 걸리는 시간과 오탈자 수를 비교해보기로 하겠습니다.

[예문1] 이마를 들이받는 기세로 미륵산이 시야 가득히 달려왔다.
[예문2] 홍자색의 꽃이삭을 매단 채 무리를 이룬 개여뀌들이 쨍쨍 내리쬐는 한여름이 땡볕 속에서 바람에 가볍게 흔들거리고 있었다.
[예문3] 산은 그 볼품없고 어리숙하고 또 무척이나 게을러 보이는 칠회색의 육중한 몸뚱어리를 궁싯궁싯 놀려 시야를 가득 흐려 놓는 자우룩한 먼지의 해방을 뚫고 알게 모르게 한 걸음 두 걸음 다가오는 중이었다.

이 실전 연습에서는 필기구를 사용하는 '손글씨 필사'와 스마트 타이핑으로 나누어서 필사한 뒤 비교했습니다. 그리고 손글씨는 왼손과 오른손 쓰기를 따로 구분했습니다. 물론 스마트 타이핑은 개인의 타이핑 속도에 따라서도 영향을 받을 수 있습니다. 저는 1분에 450타 정도를 칩니다.

[예문1] 이마를 들이받는 기세로 미륵산이 시야 가득히 달려왔다.

오른손 필사 ▶ 이마를 들이받는 기세로 미륵산이 시야 가득히 달려왔다. (25초)

[예문1]을 읽고 오른손으로 한줄기억 왼손 필사하는 데 25초가 걸렸습니다. 왼손으로 필사를 하니 42초가 걸립니다. 7개 어절로 된 짧은 문장이어서 기억하는 데 큰 어려움은 없습니다. 컴퓨터 키보드로 스마트 타이핑을 하는 데에는 12초가 소요됐습니다. 스마트 타이핑은 오른손 필사의 절반도 되지 않는 시간에 필사를 했습니다. 왼손 필사보다는 30초 이상 빠르게 필사를 할 수 있었습니다.

이제 20개 어절 미만의 중간 길이 문장을 한줄기억 왼손 필사를 해보겠습니다. [예문2]는 16개 어절로 된 문장입니다. 오른손과 왼손 손글씨 필사와 스마트 타이핑에서 파란색으로 써진 부분은 제대로 기억하지 못해 틀리게 쓴 대목입니다.

|예문2| 홍자색의 꽃이삭을 매단 채 무리를 이룬 개여뀌들이 쨍쨍 내리쬐는 한여름 땡볕 속에서 바람에 가볍게 흔들거리고 있었다.

오른손 필사 ✒ 홍자색의 꽃이삭을 매단 채 무리를 이룬 개여뀌들이 쨍쨍 내리쬐는
　　　　　　한여름의 땡볕 속에서 바람에 가볍게 흔들거리고 있었다. (1분 28초)

왼손 필사 ✒ 홍자색의 꽃이삭을 매단 채 무리를 이룬 개여뀌들이 쨍쨍 내리쬐는
　　　　　　한여름의 땡볕 속에서 바람에 가볍게 흔들거리고 있었다. (2분 32초)

홍자색의 꽃이삭을 매단 채 무리를 이룬 개여뀌들이
한여름의 땡볕 속에서 바람에 가볍게
있었다. (54초)

문장이 길어지면서 틀린 구절이 많이 나왔습니다. 먼저 볼펜을 사용해 오른손 필사로 [예문2]를 읽고 외우고 쓰는 데까지 걸린 시간은 1분 28초였습니다. 작업 기억의 유지 시간인 20초를 훨씬 넘어서는 시간이다 보니 틀린 표현이 많습니다. 문장에서 '무리를 이룬'이라는 글귀를 필사할 때 '한 무리의'라고 잘못 썼습니다. 또 '땡볕 속에서'를 '볕 속에서'로 잘못 썼고 '바람에 가볍게'는 기억하지 못해서 아예 옮기지 못했습니다. 그 짧은 순간에 완전히 기억에서 사라졌습니다. 또한 '흔들거리고'를 '흔들리고'로 바꾸어 썼습니다. 이처럼 문장이 길어지면서 틀린 어절이 무려 7개나 나왔습니다.

왼손 필사하는 데는 역시 시간이 많이 걸렸습니다. 오른손 필사가 1분 28초 걸린 데 비해 왼손 필사는 2분 32초나 소요됐습니다. 확실히 왼손 필사가 느립니다. 틀린 어절은 7개였습니다. 그런데 틀린 어절이 문장의 끝에 집중되어 있습니다. 아무래도 왼손으로 쓰다 보니 시간이 많이 걸려서 문장의 뒷부분을 기억하는 게 힘들었던 모양입니다.

[예문2]를 스마트 타이핑하는 데는 54초가 소요됐습니다. 오른손 손 글씨 필사보다 34초나 빨랐습니다. 하지만 타이핑 하는 데만 20~30초가 걸려서 작업 기억 유지 시간을 약간 초과합니다. 그래서인지 틀린 어절이 3개나 나왔습니다. '쨍쨍 내리쬐는'은 전혀 기억나지 않아서 완전히 빼먹고

말았습니다.

 마지막으로 어절이 20개 이상으로 이뤄진 장문인 [예문3]을 써보겠습니다. 파란색 괄호 안의 글자는 기억하지 못해 빠뜨린 글자입니다.

 [예문3] 산은 그 볼품없고 어리숙하고 그리고 또 무척이나 게을러 보이는 철회색의 육중한 몸뚱어리를 궁싯궁싯 놀려 시야를 가득 흐려 놓는 자우룩한 먼지의 훼방을 뚫고 알게 모르게 한 걸음 두 걸음 다가오는 중이었다.

오른손 필사   산은 그 볼품없고 어리숙하고 그리고 (또) 무척이나 게을러 보이는

          철회색의 육중한 '몸'을 '이끌고 뿌연 먼지 속을 헤치며' 한 걸음 한 걸음

          '내 앞으로' '다가오고 있었다.'

왼손 필사   산은 그 볼품없고 유중하고 (그리고) 무척이나 게을러 보이는 철회색의

          육중한 몸뚱어리를 궁싯궁싯 놀려 (시야를 가득 흐려 놓는) 자우룩한

          먼지 속을 뚫고 (알게 모르게) 한 걸음 한 걸음 다가오는 중이었다.

스마트 타이핑   산은 그 볼품없고 어리숙하고 그리고 또 무척이나

          게을러 보이는 (철회색의) 육중한 몸뚱어리를 끌고

          궁싯궁싯 뿌연 먼지 속을 뚫고 한 걸음 한 걸음 다가오는

          중이었다.

 [예문3]을 오른손으로 필사하는 데 2분 54초가 걸렸습니다. 무척 긴 시간입니다. 워낙 문장이 길다보니 읽고, 관찰하고, 기억하고, 또 시각 이미

지로 만드는 데 시간이 걸렸습니다. 틀리거나 빠뜨린 글자가 많습니다. 11개 어절을 틀렸습니다. 왼손 필사로 썼더니 3분 33초가 걸렸습니다. 오른손 필사보다도 39초가 더 걸렸습니다. 그나마 왼손 필사가 조금 익숙해졌기 때문입니다. 그렇지 않다면 훨씬 더 걸렸을 것입니다. 10개 어절을 틀리거나 빠뜨리고 쓰지 않았습니다. 스마트 타이핑을 한 결과 역시 비슷합니다. 시간은 2분 24초로 손글씨보다 빨랐고 6개 어절을 틀리거나 빠뜨렸습니다.

이처럼 스마트 타이핑은 손글씨보다 한줄기억 왼손 필사를 하는 데 걸리는 시간이 아주 짧습니다. 그래서 많은 양의 필사를 한꺼번에 할 수 있습니다. 손글씨 필사로 하면 여섯 달은 족히 걸릴 분량을 스마트 타이핑은 한두 달이면 끝낼 수 있습니다. 짧은 시간 안에 책이 담고 있는 어휘와 문장 모두를 필사할 수 있습니다. 물론 빠른 만큼 어휘와 문장을 정밀하게 관찰하는 시간이 줄어들어 작업 기억을 강화하는 연습 효과가 떨어질 수 있다는 단점도 있습니다. 이러한 단점을 스마트 타이핑은 엄청난 필사 분량으로 보완합니다.

4. 스마트폰 필사도 뇌에 새로운 뉴런을 만든다

요즘 웬만한 사람들은 스마트폰 키보드를 눌러서 문자를 보내는 일을 필기구로 쓰는 것보다 더 빠르게 할 수 있습니다. 따라서 스마트폰으로도 얼마든지 필사를 할 수 있습니다. 실제로 대학에서 필사를 매일 과제로 제출하도록 했을 때 스마트폰으로 필사를 한 뒤 전송한 학생들이 많았습니다. 스마트 타이핑에 비해 속도는 늦지만 크게 어렵지 않았다고 합니다.

한줄기억 왼손 필사의 원칙을 지킨다면 도구는 그다지 큰 문제가 되지 않습니다.

스마트폰 필사도 마찬가지로 스마트 타이핑이나 손글씨 필사만큼의 효과가 있습니다. 스마트폰으로 문자를 보낼 때 아주 높은 수준의 집중력이 필요하기 때문에 그 효과를 의심할 필요는 없을 듯싶습니다. 스마트폰으로 문자 주고받기는 마치 빠르게 주판을 놓는 것에 비유되곤 합니다. 스마트폰은 주판과 같이 손가락을 집중적으로 사용함으로써 뇌를 활성화시킵니다. 스마트폰에 있는 자판 하나를 누를 때마다 머리에서는 뉴런 하나가 생긴다고 합니다.

스마트폰으로 문자 메시지를 보낼 때 뇌의 상태를 연구한 실험을 보면, 글씨를 쓰거나 명상을 할 때와 같이 우리가 집중해서 특정한 행동을 할 때 활성화되는 뇌 부위가 활성화된다고 합니다.

또한, 스마트폰으로 문자를 보낼 때 사용자는 주변을 제대로 의식하지 못할 정도로 집중하게 된다는 실험 결과도 있습니다. 실제로 시야의 주변부에 대한 시력이 크게 떨어지기 때문에 길을 걸으면서 문자를 보내는 것은 극도로 위험한 일이 될 수 있습니다.

스마트폰으로 문자를 보낼 때 우리는 고도의 집중력이 필요합니다. 문자 메시지를 보내는 데 이런 정도의 집중력이 필요하다면 스마트폰으로 필사를 하고 그만한 효과를 얻는 것이 가능하다는 점을 납득할 수 있습니다. 스마트폰으로 문자를 보내는 일은 손글씨나 키보드 타이핑과 마찬가지로 강도 높은 두뇌 활동 가운데 하나입니다. 스마트폰으로 필사를 해서 뇌를 자극할 수 있다면 우리는 스마트폰을 긍정적으로 활용할 수 있는 아주 훌륭한 방법을 확보한 셈입니다. 잘 활용하기만 하면 우리는 기억력을 포함한 뇌의 능력을 강화할 수 있는 훌륭한 연습 도구로 스마트폰을 사용할 수 있습니다.

따라서 스마트폰 필사를 하는 것으로도 우리는 얼마든지 뇌를 활성화시킬 수 있습니다. 이렇게 하면 학생들의 문자 주고받기를 바라보는 관점이 달라집니다. 문자 쓰기에 숙달되어 무의식적으로 자판을 누를 수 있게 뇌 회로가 완성된다면 얼마든지 스마트폰 필사를 할 수 있습니다. 스마트 타이핑처럼 문장을 기억하고 시각 이미지를 떠올리고 이를 결합해 자판을 누르면 됩니다. 스마트폰으로 한줄기억 왼손 필사를 하는 학생들이 늘어난다면 시간과 장소와 관계없이 뇌를 활성화하고 작업 기억을 강화할 수 있습니다.

노트 한 권과
연필 한 자루면 충분하다

　본래 이 글의 초고를 오른손 필사에 관한 내용을 중심으로 2017년 8월
에 썼습니다. 그런데 두 달 뒤 시를 잘 쓰고 싶다는 욕심에서 왼손 필사를
시작하면서 원고를 끝내기까지 1년이라는 긴 시간이 훌쩍 지나버렸습니
다. 왼손 필사를 하면서 겪은 놀라운 경험들을 쓰지 않고서 도저히 오른손
필사만으로 책을 낼 수 없었기 때문입니다.

　왼손 필사를 하면서 나타나는 현상을 매일 꼼꼼히 기록했습니다. 왼손
잡이 사람들을 인터뷰하고, 왼손잡이와 우리 뇌의 편측성에 관한 연구 자
료들을 읽고 정리하면서 왼손 필사의 기적이 일어나는 근원에 조금씩 다
가갈 수 있었습니다. 개인의 경험들이 만나고 공유할 수 있는 접점들이 늘
어나면서 왼손 필사의 놀라운 힘에 확신을 갖게 되었습니다. 1년 가까이

되어서야 비로소 왼손 필사의 힘을 극대화할 수 있는 핵심적인 방법들이 확인되었고, 그제야 마음 놓고 글을 쓰고 완성할 수 있었습니다.

우리의 삶을 완전히 변화시킬 수 있는 거대한 힘은 바로 우리 손안에 있습니다. 글을 잘 쓰고 상상력과 창의력을 키울 힘도, 학업 성적을 올려서 자신감을 가지고 자신의 인생을 설계할 힘도 모두 우리 손안에 있었습니다. 여러분이 오른손잡이라면, 하루 2시간만 왼손에 펜을 쥐고 글씨를 쓰기 시작하십시오. 여러분이 진정으로 원하는 것을 향한 변화의 씨앗이 움트고 꿈틀거리며 싹을 틔우기 시작할 것입니다.

사실을 중시하는 기자로 20년을 생활한 이가 이 책에서 다소 황당한 말을 늘어놓은 듯싶어 겸연쩍을 때가 있습니다. 하지만 왼손 필사가 우리의 지적 삶에 일으킨 기적 같은 변화는 직접 겪고 눈으로 확인한 그대로 '사실(fact)'입니다. 왼손 필사를 하는 사람들이 많아지면 많아질수록 기적 같은 변화의 목록은 더욱더 늘어나리라 생각합니다. 만년필을 쥔 왼손 검지의 통증을 달래면서 필사를 했던 지난 1년간 여러 시행착오를 겪었습니다. 하지만 이 책을 읽으신 독자 여러분은 조금 더 편하고 빠른 길로 원하는 목적지에 도착하실 수 있으리라 생각합니다.

아무쪼록 한줄기억 왼손 필사가 즐겁고 행복한 경험이 되기를 바랍니다. 여러분의 멋진 글쓰기와 더 나은 학습을 위한 기분 좋은 출발점이 되길 희망합니다. 조금 힘들더라도 꾸준히 하시면 원하는 좋은 결과를 반드시 얻을 수 있습니다.

변화의 시작은 노트 한 권과 의필 한 자루면 충분합니다.

■ 각주

1. Clare Polac, Laterality : Exploring the Enigma of Left-Handedness, London, ELSEVIER, 2016, pp. 56~57.
2. Clare Polac, Ibid., p. 60.
3. Christopher Bergland,'Einstein's Genius Linked to Well-Connected Brain Hemispheres', 2013. 10.(https://www.psychologytoday.com) ; 임동욱, '아인슈타인 창의성 비결은 '뇌들보'' 2013. 10. 13. (https://www.sciencetimes.co.kr).
4. 신용관, '아인슈타인 뇌 연구한 신경과학자가 전하는 '뇌를 발달시키는 5요소',2017. 8. 9. (http://pub.chosun.com).
5. Göran Lundberg, 'The Hand and The Rrain', Springer-Verlag, London, 2014, pp. 138~140.
6. 박지원 · 장성호, 〈우성과 비우성 손에서의 운동학습으로 나타나는 뇌 활성도 차이: fMRI 사례 연구〉, 2009,《대한물리치료학회지》, 21(1);81~88.
7. '오른손 주로 쓰는 한국인, 왼손 운동이 필요한 이유', 2007.04.17. (http://news.chosun.com).
8. Kim Ranegar, Using your 'other' hand benefits your brain,2011,(https://www.nwitimes.com)
9. Clare Polac, op. cit., p.106
10. Ruth E. Propper · Sean E. McGraw · Tad T. Brunye · Michael Weiss, 2013, Getting a Grip on Memory: Unilateral Hand Clenching Alters Episodic Recall, PLoS ONE 8(4): e62474. doi:10.1371/journal.pone.0062474; 'KISTI의 과학향기, 제1860호http://scent.ndsl.kr
11. 이명자 · 김현지, '작업기억 용량, 주의 집중력 및 창의적 사고력의 관계교육심리 연구', Vol. 21/4, 2007,pp. 847~864.
12. 박상옥 · 이유진, '영어교육에서 베껴 쓰기와 요약하여 쓰기의 효과 비교: 사례 연구를 중심으로'. Modern English Education, Vol. 10, No. 2, Summer 2009, pp. 60~86.
13. 영자신문사 인턴이 영어 공부하는 법을 살펴보니, 2013. 6. 3. (http://dadoc.or.kr/905)
14. 두뇌의 외국어 영역에 접속하다 http://kr.brainworld.com/PlannedArticle/268
15. 박순 · 이준용 · 김정렬,《영어책을 읽는 두뇌》, 뉴로사이언스러닝, 2011, 135~165쪽.
16. 유승미, '베껴쓰기를 활용한 효과적인 글쓰기 교육에 관한 연구' 대학작문 제2호, 2011.06, 219-242.

17　강동화, 《나쁜 뇌를 써라》, 위즈덤하우스, 2011, 242~246쪽.

18　데이비드 소사, 《공부하는 우리 아이들 머릿속의 비밀》, 박미경 옮김, 한국뇌기반교육연구소, 2011, 55쪽.

19　데이비드 소사, 2011, 앞의 책, 61~62쪽.

20　앨런 배들리, 《당신의 기억》, 진우기 옮김, 위즈덤하우스, 2009, 72쪽.

21　박순 · 이준용 · 김정렬, 같은 책, 171~172쪽.

22　Peter Doolittle, 'How your "working memory" makes sense of the world', TED, 2013, (https://www.youtube.com/watch?v=UWKvpFZJwcE).

23　David A. Sousa, How the Brain Learns, 2017, CORWIN. pp.51~53.

24　박순 · 이준용 · 김정렬, 같은 책, 136쪽.

25　트레이시 앨로웨이, 《작업 기억에 달렸다》, 한국뇌기반교육연구소, 2015, 18~38쪽.

26　Göran Lundberg, 'The Hand and The Brain', Springer−Verlag, London, 2014, pp. 52~62.

27　'디지털 시대에 굳이 학교에서 손글씨를 가르쳐야 하는 이유' (2017. 11. 13., news. chosun.com)

28　'공신' 공부법은 과학이었다.(2008. 06.16.,http://www.hani.co.kr),

29　'성인의 뇌 연결성을 변하게 하는 읽고 쓰기 학습'(http://www.ndsl.kr)

30　김양래, 김양래, 《깜빡깜빡 40대 기억력 스무 살로 바꿀 수 있다》, 고래북스, 2013, 255~256쪽.

31　박문호, 《뇌 과학의 모든 것》, 휴머니스트, 2013, 522~525쪽.

32　안데르스 에릭슨 · 로버트 풀, 《1만 시간의 재발견》, 진우기 옮김, 비즈니스북스, 2016, 377쪽.

33　안도현, 《가슴으로도 쓰고 손끝으로도 써라》, 한겨레출판, 2009, 65쪽.

34　안도현, 2009, 앞의 책, 66쪽.

35　최옥정, 《소설 수업》, 푸른영토, 2013, 146쪽.

36　트레이시 앨러웨이 · 로스 앨러웨이, 《파워풀 워킹 메모리》, 이충호 옮김, 문학동네, 2014, 167쪽.

37　어절은 문장을 이루는 도막도막의 마디를 말합니다. 문장 성분의 최소 단위로서 띄어쓰기의 단위가 됩니다.

38　서유헌, 《나이보다 젊어지는 행복한 뇌》, 비타북스, 2014, 171쪽.

39　김양래, 2013, 앞의 책, 206쪽

40　박순 · 이준용 · 김정렬, 같은 책, 255쪽

41　오마이뉴스.' 게임할 땐 뇌활동 거의 정지…책 읽으면 정반대' (오마이뉴스, 2008. 5. 6.) "http://www.ohmynews.com/NWS_Web/view/at_pg.aspx?CNTN_CD=A0000893881

데이비드 소사, 같은 책, 151~153쪽.

개리 스몰, 《메모리 바이블》, 조현욱 옮김, 김영사, 2003, 58쪽.

김양래, 같은 책, 169쪽.

박순 · 이준용 · 김정렬, 《영어책을 읽는 두뇌》, 뉴로사이언스러닝, 2011, 154쪽.

Clare Polac, 2016, op. cit., p. 110.

데이비드 소사, 2011, 앞의 책, 150~151쪽.

김승업, '신경세포수 감소와 지능장해,' 2007. 12. 12 (http://www.ibric.org)

Clare Polac, 2016, op. cit., p. 60.

데이비드 스노든, 《우아한 노년》, 유은실 옮김, 사이언스북스. 2001.

트레이시 앨러웨이 · 로스 앨러웨이, 2014, 앞의 책, 253쪽.

안길만 · 최양규, '작업 기억 강화 프로그램이 알츠하이머병 치매 환자의 단어 유창성과 문장이해력에 미치는 효과,' 《심리행동연구》, 2013, Vol. 5, No. 2, 75~110쪽.

만프레드 슈피처 지음 · 김세나 옮김, 2013, 《디지털 치매》, 35~41쪽.

만프레드 슈피처, 2013, 앞의 책, 42쪽.

닐스 비르바우머 · 외르크 치틀라우, 《뇌는 탄력적이다》, 김현종 옮김, 메디치, 2015, 225쪽.

치매, 여성보다 남성이 많은 이유. (2015. 6. 29., http://www.yonhapnews.co.kr)

박미라, '여성, 치매 더 잘 걸리는 이유 있었네… 충동, 불안과 관련 있는 뇌 영역 움직임 더 활발,'(2017. 8. 11., http://www.monews.co.kr)

나덕렬, 《뇌美인》, 위즈덤스타일, 2012, 65쪽.

서유헌, 2014, 앞의 책, 89~90쪽.

박창원, '문장의 기본 구조' (www.korean.go.kr)

최옥정, 2013, 같은 책, 173쪽

이기주, 《여전히 글쓰기가 두려운 당신에게: 스피치 라이터가 전하는 글쓰기 처방전》, 말 글터, 2015, 116쪽.